ENCICLOPEDIA ILUSTRADA DE CIENCIA Y NATURALEZA

Planeta Tierra

Í N D I C E

5 Las rocas: un registro histórico

6 La riqueza mineral de la Tierra

7 Los océanos: escultores del planeta

1
Un planeta majestuoso

De todos los planetas del Sistema Solar, sólo la Tierra está situada a la distancia adecuada del Sol. Es el único planeta con temperaturas que permiten la existencia de abundante agua liquida. Estas condiciones moderadas y acuosas resultaban ideales para el desarrollo de diferentes formas de vida: la primera de ellas apareció aproximadamente mil quinientos millones de años después de la formación del planeta. Pasaron tres mil millones de años más hasta que aparecieron sobre la Tierra seres inteligentes que comenzaron a hacerse preguntas sobre ese mundo que era su hogar. Por poner un ejemplo, hace más de dos mil años los filósofos griegos llegaron a la conclusión de que la Tierra era un círculo, afirmación que ya se recogía en el libro bíblico de *Isaías;* esto se pudo comprobar cuando Juan Sebastián Elcano circunnavegó el globo en el siglo XVI. Hoy, las imágenes vía satélite, como la de la derecha, nos muestran que el planeta es una preciosa esfera azul flotando en el espacio.

Sin embargo, el interior de la Tierra sigue siendo un misterio oculto. Oculto, pero no insondable. Mediante el empleo de ondas sísmicas y campos magnéticos como sondas indirectas al interior del planeta, los científicos han descubierto que éste está compuesto por tres capas principales: la corteza, el manto y el núcleo. Estas capas almacenan una gran cantidad de energía que puede salir a la superficie violentamente en forma de terremotos o erupciones volcánicas, pero también es responsable de la formación de las cordilleras montañosas y de valiosos depósitos minerales. En resumen, la superficie de la Tierra, sólida en apariencia, no es sino la mera envoltura de una caldera hirviente y dinámica de energía y materia.

La imagen compuesta procedente de un satélite meteorológico muestra la grandeza y belleza del planeta Tierra. Aunque casi siempre nos referimos a ella como una esfera, técnicamente la Tierra es un cuerpo esferoide oblato. La fuerza centrífuga de su rotación ha aplanado ligeramente el planeta por los polos.

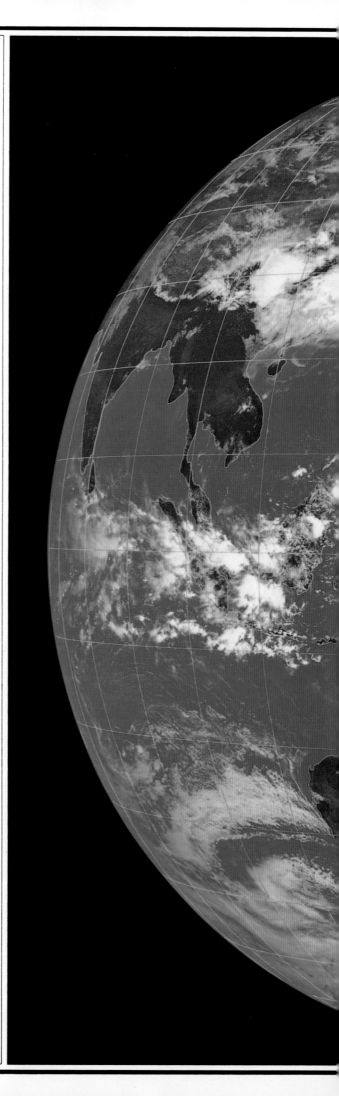

¿Cómo se formó la Tierra?

1

Hace aproximadamente 4.600 millones de años, una nube de polvo y gas que flotaba en el espacio empezó a condensarse sobre sí misma. La materia del centro de la nube se unió para formar el Sol. El gas y polvo restantes se extendieron en una nube en forma de disco a su alrededor. A lo largo de los 100 millones de años siguientes, los granos de polvo de esa nube se adhirieron unos a otros y formaron los planetesimales: planetas infinitesimales de pocos kilómetros de diámetro. Estos cuerpos chocaron y se fusionaron para formar los planetas, de los cuales la Tierra ocupa el tercer lugar con respecto al Sol.

2

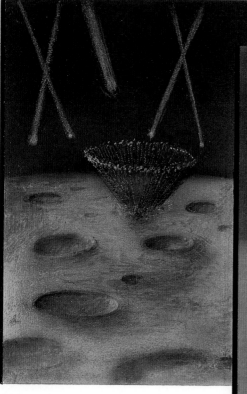

3

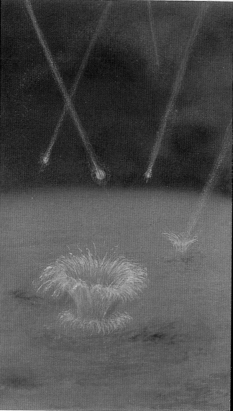

4

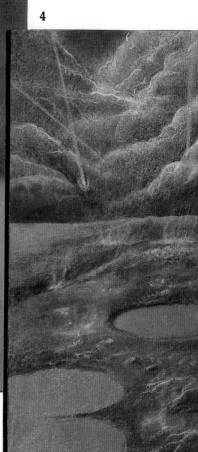

El nacimiento de la Tierra

1. La Tierra empezó a formarse cuando los granos de polvo de la nube plana que rodeaba al Sol empezaron a adherirse entre sí. Grupos de estas partículas se acumularon y formaron cuerpos más grandes; estos a su vez chocaron y dieron lugar a objetos del tamaño de planetas.

2. Los residuos de la nube original cayeron en forma de lluvia sobre ese mundo joven. La energía de estos materiales precipitados, junto con el calentamiento procedente de la desintegración radiactiva, hicieron que la Tierra se fundiera.

3. A consecuencia de este derretimiento, los materiales densos, sobre todo el hierro, se hundieron hacia el centro del planeta y formaron el núcleo. La superficie de la Tierra estaba cubierta por un mar de roca fundida. Los materiales más ligeros, como el vapor de agua y el dióxido de carbono se dirigieron hacia el exterior y formaron la atmósfera primitiva.

4. El viento solar, una veloz corriente de partículas cargadas procedentes del Sol, limpió el Sistema Solar de residuos, y así los impactos sobre la Tierra fueron disminuyendo. El planeta se enfrió y el vapor de agua formó densas nubes en la atmósfera.

5. Las nubes se enfriaron, se condensó el vapor de agua y unas lluvias torrenciales inundaron la Tierra. Poco a poco el aguacero enfrió las rocas de la superficie.

6. El agua de los diluvios se almacenó en los lugares más bajos y dio lugar a los primeros océanos terrestres. El dióxido de carbono procedente del aire empezó a disolverse en esos inmensos depósitos y enfrió aún más el planeta.

7. Hace aproximadamente 2.500 millones de años, una Tierra azul surgió del caos inicial. Las nubes se disiparon y el Sol brilló en un mundo muy parecido al que ahora conocemos.

Un planeta con muchas capas

En los inicios de la historia terrestre, en el interior del planeta se separaron, o diferenciaron, muchas capas. En un principio, el calor producido por los impactos de planetoides (1) mantuvo todo el planeta caliente y fundido. Los metales más pesados, como el níquel y el hierro, se hundieron en el centro y formaron el núcleo metálico (2). A medida que el planeta se iba enfriando (3 y 4), el magma que rodeaba el núcleo empezó a diferenciarse y se formó una fina corteza en la superficie (5).

Algunas de las rocas más antiguas de la superficie terrestre se encuentran en Groenlandia. Las formaciones de gneis de la izquierda se formaron cuando la roca fundida se enfrió hace aproximadamente 3.800 millones de años.

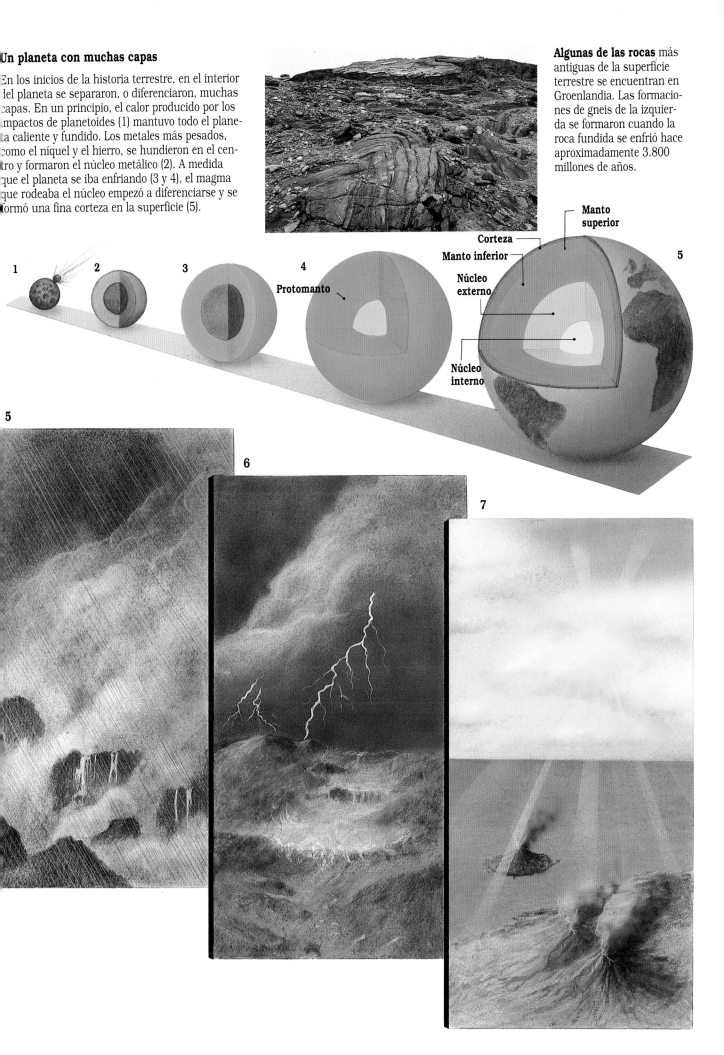

1

2

3

4
Protomanto

5
Manto superior
Corteza
Manto inferior
Núcleo externo
Núcleo interno

5

6

7

7

¿Qué hay en el interior de la Tierra?

La estructura de la Tierra se asemeja a la de un huevo: el núcleo es la yema, el manto la clara y la corteza la cáscara. Comparada con el tamaño del planeta, la corteza es finísima; su espesor abarca de los 5 km que tiene en el fondo del océano hasta los 64 km que alcanza bajo las cordilleras montañosas. Debajo de la corteza está el manto, que llega a tener una profundidad de hasta 2.900 km. El manto se divide en dos capas. La roca del manto superior, aunque en su mayor parte es sólida, está muy caliente y puede llegar a adoptar la forma de fluido viscoso, algo así como el asfalto caliente de una calle en verano. La roca del manto inferior es más rígida y densa porque a esa profundidad hay más presión. El núcleo de níquel y hierro está formado por una capa externa fluida y un núcleo interno sólido.

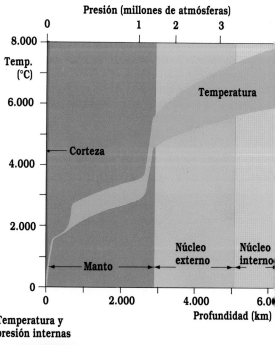

Temperatura y presión internas

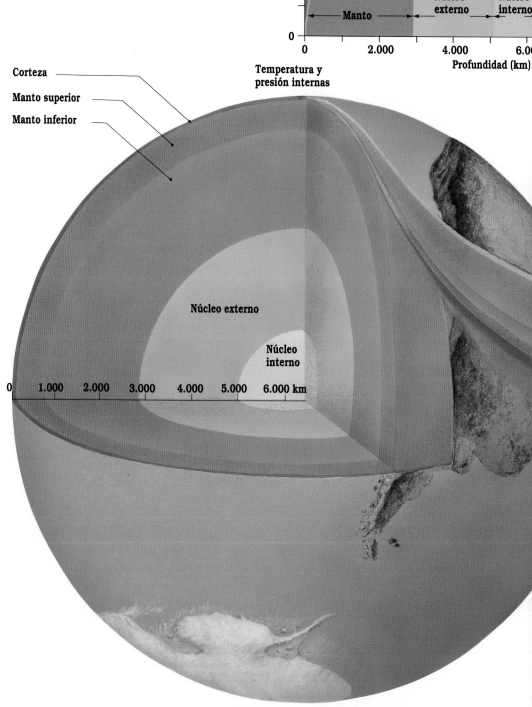

Corteza

Manto superior

Manto inferior

Núcleo externo

Núcleo interno

0   1.000   2.000   3.000   4.000   5.000   6.000 km

Anatomía de un planeta

La corteza es gruesa bajo los continentes y fina bajo los océanos. Cerca de la superficie, la corteza continental está formada en su mayor parte por granito; más abajo contiene sobre todo basalto. La corteza oceánica es principalmente basalto.

El manto envuelve el núcleo y constituye el 85 % del volumen de la Tierra. La zona de baja velocidad, llamada así porque en ella aminoran las ondas sísmicas, está a una profundidad de 70 a 200 km. Aunque es sólido, el manto actúa como un fluido que se mueve a poca velocidad durante largos períodos de tiempo.

El núcleo, responsable del campo magnético de la Tierra, puede alcanzar los 6.600 °C, con presiones dos millones de veces superiores a las de la superficie terrestre.

Las capas del manto

La capa rocosa superior del manto y la corteza, juntas se denominan litosfera, o "esfera pétrea". La litosfera está formada por placas que se mueven y dan lugar a la deriva continental. Bajo la litosfera hay una capa de roca menos rígida conocida con el nombre de astenosfera, o "esfera floja". La astenosfera contiene bolsas de manto fundido, que alcanza temperaturas muy elevadas y tiene una consistencia viscosa que reduce la velocidad de propagación de las ondas sísmicas. Por esa razón, es normal referirse a la astenosfera como zona de baja velocidad.

Corteza
Manto superior
Manto inferior
Núcleo externo
Núcleo interno

0
100
200
300
400
500
600
700 km

Litosfera
Astenosfera

Corteza continental
Límite entre la corteza y el manto
Corteza oceánica
Manto superior
Manto inferior

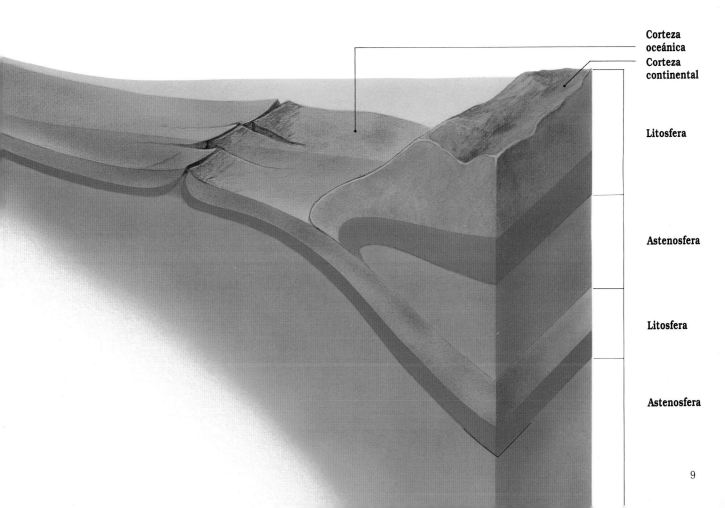

Corteza oceánica
Corteza continental
Litosfera
Astenosfera
Litosfera
Astenosfera

¿De qué está hecha la corteza?

La corteza de la Tierra no tiene el mismo espesor en todas partes. Bajo los continentes, la corteza tiene aproximadamente 30 km de grosor; por el contrario, bajo los océanos sólo tiene de 5 a 7 km.

Además de ser más gruesa que la corteza oceánica, la corteza continental es más variada. Las capas superiores consisten en rocas graníticas ligeras, mientras que las capas inferiores están formadas por rocas de basalto más densas. Estas capas –o estratos como las llaman los geólogos– se formaron en épocas diferentes como resultado de una serie de procesos. Las rocas más antiguas se encuentran en las plataformas precámbricas. Las rocas más jóvenes se formaron durante la época de levantamiento de las montañas. El estrato superior de la corteza oceánica consiste en una capa de sedimentos de hasta 800 m de espesor. La corteza oceánica se renueva totalmente en menos de 200 millones de años merced a las erupciones volcánicas que tienen lugar en las chimeneas presentes a lo largo de cordilleras submarinas, conocidas con el nombre de dorsales centro-oceánicas. Es geológicamente joven comparada con la corteza continental, que puede alcanzar los 3.800 millones de años.

Dos tipos de corteza

La corteza continental, compuesta por rocas ligeras de granito, alcanza alturas más elevadas que el basalto más pesado de la corteza oceánica. La altura media de la corteza continental es de 850 m sobre el nivel del mar, mientras que la corteza oceánica por término medio se encuentra a 3.800 m por debajo del nivel del mar. El viento y la lluvia erosionan constantemente la corteza continental y crean arena, limo y arcilla que acaban depositándose en el mar donde forman una gruesa capa de sedimento sobre el fondo. Debajo del sedimento hay capas de roca basáltica: lava almohadillada, diques verticales y gabro de grano grueso *(véanse págs. 32 y 33)*.

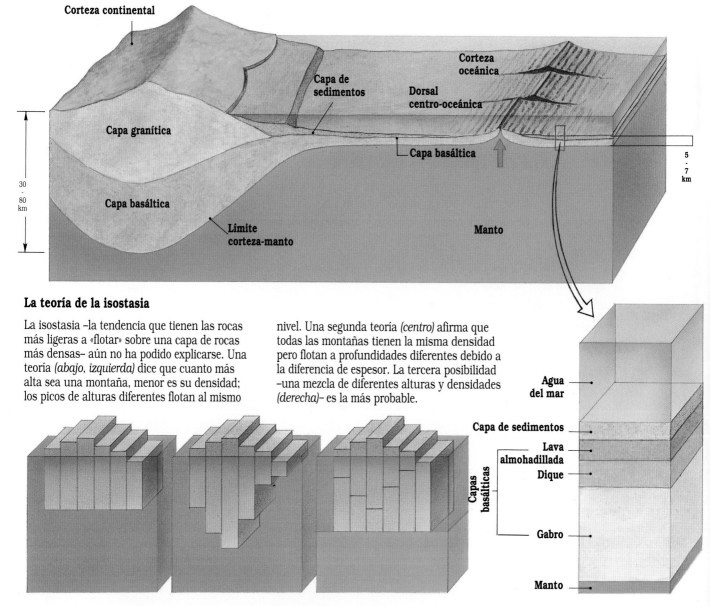

La teoría de la isostasia

La isostasia –la tendencia que tienen las rocas más ligeras a «flotar» sobre una capa de rocas más densas– aún no ha podido explicarse. Una teoría *(abajo, izquierda)* dice que cuanto más alta sea una montaña, menor es su densidad; los picos de alturas diferentes flotan al mismo nivel. Una segunda teoría *(centro)* afirma que todas las montañas tienen la misma densidad pero flotan a profundidades diferentes debido a la diferencia de espesor. La tercera posibilidad –una mezcla de diferentes alturas y densidades *(derecha)*– es la más probable.

Cómo están hechos los continentes y cómo se mueven

El núcleo de cada continente es una plataforma de roca precámbrica que data de los inicios de la historia del mundo. En torno a esta plataforma, se formaron rocas más jóvenes durante períodos de orogenia, es decir, de formación de montañas, más recientes. La corteza y el manto superior forman placas finas y rígidas que se mueven unos dos centímetros al año. A lo largo de miles de millones de años, los movimientos de esas placas han dado lugar a la deriva continental: en otra época, los continentes formaban parte de un mismo supercontinente y ahora ocupan su posición actual. Los continentes siguen desplazándose, sus placas reciben el empuje de la nueva corteza que se va formando en las dorsales centro-oceánicas.

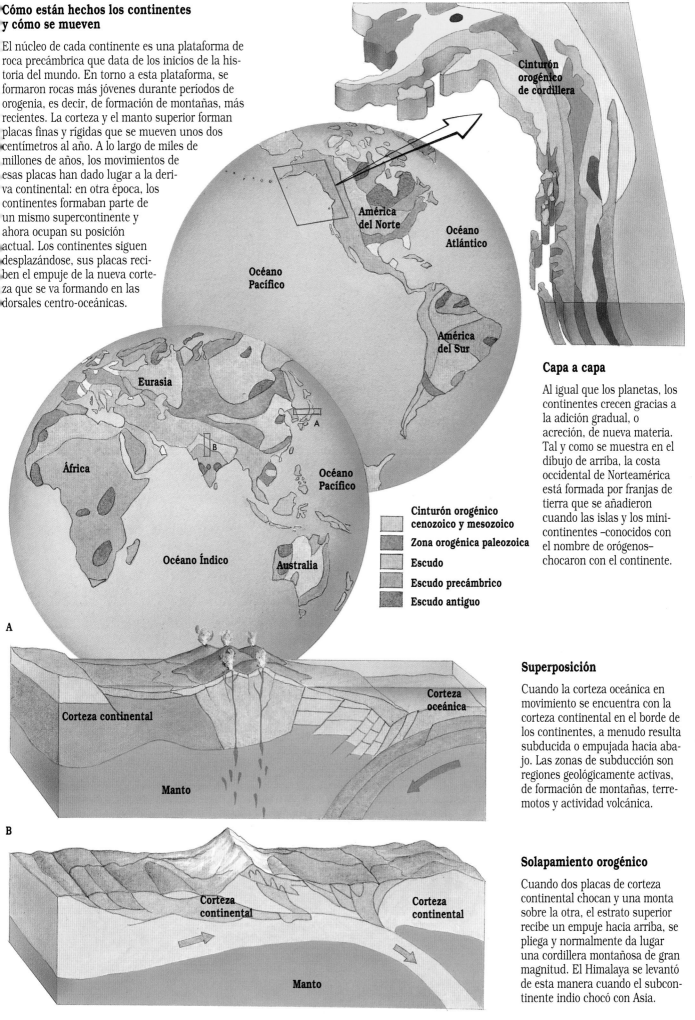

Cinturón orogénico de cordillera

América del Norte

Océano Atlántico

Océano Pacífico

América del Sur

Eurasia

África

Océano Pacífico

Océano Índico

Australia

- Cinturón orogénico cenozoico y mesozoico
- Zona orogénica paleozoica
- Escudo
- Escudo precámbrico
- Escudo antiguo

A

Corteza continental

Corteza oceánica

Manto

B

Corteza continental

Corteza continental

Manto

Capa a capa

Al igual que los planetas, los continentes crecen gracias a la adición gradual, o acreción, de nueva materia. Tal y como se muestra en el dibujo de arriba, la costa occidental de Norteamérica está formada por franjas de tierra que se añadieron cuando las islas y los mini-continentes –conocidos con el nombre de orógenos– chocaron con el continente.

Superposición

Cuando la corteza oceánica en movimiento se encuentra con la corteza continental en el borde de los continentes, a menudo resulta subducida o empujada hacia abajo. Las zonas de subducción son regiones geológicamente activas, de formación de montañas, terremotos y actividad volcánica.

Solapamiento orogénico

Cuando dos placas de corteza continental chocan y una monta sobre la otra, el estrato superior recibe un empuje hacia arriba, se pliega y normalmente da lugar una cordillera montañosa de gran magnitud. El Himalaya se levantó de esta manera cuando el subcontinente indio chocó con Asia.

¿La Tierra se calienta desde el interior?

El Sol no es la única fuente de calor de que dispone la Tierra. El calor también alcanza la superficie procedente del interior del planeta. Este calor lo produce la desintegración de elementos radiactivos como el uranio, el torio y el potasio y la energía generada –y después encerrada muy por debajo de la corteza– durante la formación del planeta. La cantidad de calor (medido en calorías) que se filtra cada año desde el interior es 1.000 veces mayor que la energía que anualmente producen los terremotos en todo el mundo. Sin embargo, si se calcula por término medio en la superficie de la Tierra, esta corriente calorífica equivale a 0,015 calorías por metro cuadrado por segundo, o 0,063 vatios por metro cuadrado.

El desprendimiento de calor interno resulta más evidente donde la corteza es más delgada, como en Islandia, Nueva Zelanda, y en zonas del noroeste de Estados Unidos.

Donde la corteza es delgada, el manto calienta el agua de la superficie y forma fuentes termales.

El calor interno de la Tierra

El inmenso depósito de calor interno de la Tierra se construyó en los inicios de la formación del planeta. Las colisiones entre los planetesimales, así como la separación del núcleo de metal del manto pétreo cuando las temperaturas en el planeta alcanzaron el punto de fusión del hierro, desprendieron un intenso calor. El calor también lo generó la presión de las capas externas del planeta y la desintegración de los elementos radiactivos. Después, la superficie de la Tierra se enfrió y este calor primordial quedó atrapado en su interior. Actualmente, el calor sigue avanzado hacia la superficie, donde provoca erupciones volcánicas, géiseres, terremotos, la expansión de los fondos oceánicos, la deriva continental y la formación de nuevas montañas.

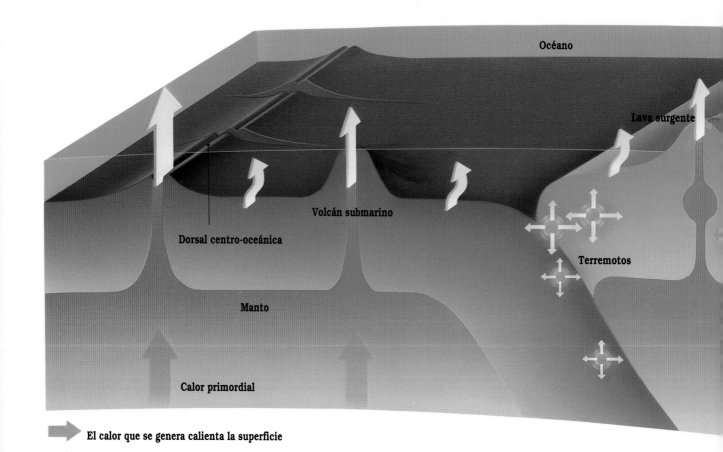

Océano

Lava surgente

Volcán submarino

Dorsal centro-oceánica

Terremotos

Manto

Calor primordial

El calor que se genera calienta la superficie

El calor se disipa y el interior se enfría

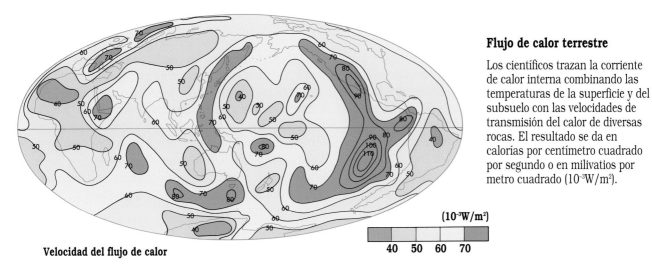

Velocidad del flujo de calor

(10⁻³W/m²) → $(10^{-3}W/m^2)$

40	50	60	70

Flujo de calor terrestre

Los científicos trazan la corriente de calor interna combinando las temperaturas de la superficie y del subsuelo con las velocidades de transmisión del calor de diversas rocas. El resultado se da en calorías por centímetro cuadrado por segundo o en milivatios por metro cuadrado (10^{-3}W/m²).

Como puede observarse en el mapamundi de arriba, el flujo de calor tiende a ser más elevado en los océanos que en los continentes. El mayor flujo de calor se produce en las dorsales centro-oceánicas; disminuye cuando la distancia a la dorsal aumenta y alcanza su punto más bajo en las plataformas continentales. La fuente de procedencia de este calor también varía. El calor continental surge del granito radiactivo cercano a la superficie; el calor del lecho marino, que carece de granito, proviene del interior del manto.

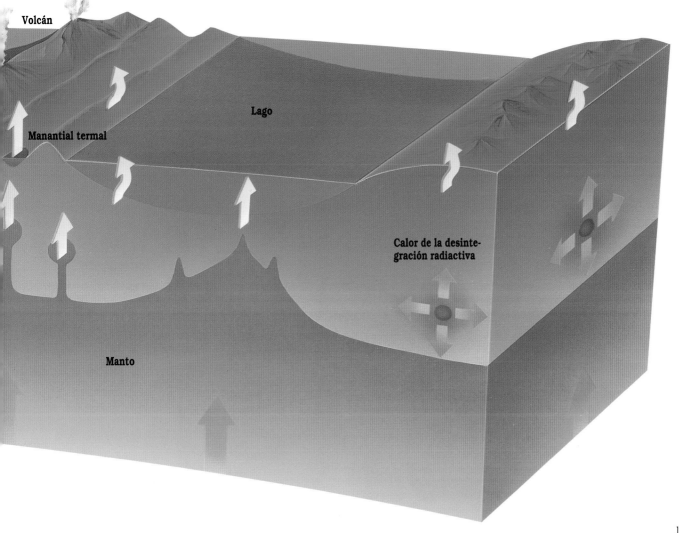

Volcán

Manantial termal

Lago

Calor de la desinte-
gración radiactiva

Manto

¿Cómo se estudia el interior de la Tierra?

Aunque todavía no es posible observar directamente el interior de la Tierra –el mayor agujero que se ha practicado alcanza sólo una profundidad de 13 km–, los científicos han aprendido mucho al respecto estudiando las vibraciones que producen los terremotos. Estas vibraciones, llamadas ondas sísmicas, se extienden desde el foco subterráneo de un temblor; cuando alcanzan la superficie de la Tierra, los sismólogos las registran y miden su intensidad.

Los estudios que se han realizado de los tres tipos de ondas sísmicas –las ondas superficiales, las ondas longitudinales o de empuje y las ondas transversales o de sacudidas– muestran que existe una región a una profundidad de 15 a 50 km donde la velocidad de las ondas se reduce abruptamente. Esta región se conoce con el nombre de discontinuidad de Mohorovicic, en honor al sismólogo croata que la descubrió en 1909. La discontinuidad de Mohorovicic marca un cambio brusco en la densidad y propiedades de las rocas que se encuentran a ambos lados de la misma; en realidad, separa la corteza del manto. Existen otras discontinuidades a 2.900 y 5.100 km de profundidad. En lugar de esperar a que se produzca un terremoto, los científicos acostumbran a recoger datos detonando explosivos subterráneos y registrando las ondas sísmicas que producen; también utilizan la técnica de la tomografía sísmica para construir modelos tridimensionales del interior de la Tierra.

Ondas sísmicas

Cuando las ondas sísmicas chocan con una discontinuidad, o límite entre dos capas *(derecha, arriba)*, pasan a través de ella, directamente o refractadas, o se reflejan. Las curvas de tiempo y distancia muestran que las ondas directas llegan antes a los puntos cercanos al temblor porque recorren la distancia más corta. A los puntos más lejanos, llegan antes las ondas refractadas, que se mueven más deprisa. El punto en el que las dos ondas llegan al mismo tiempo indica la profundidad del límite entre las capas.

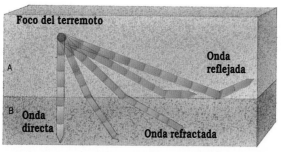

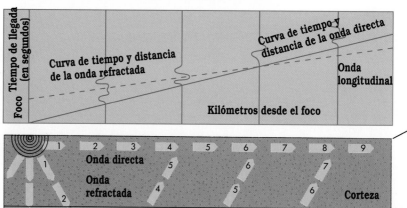

Una Tierra a capas

Si la densidad de la Tierra aumentara constantemente en dirección al núcleo, las ondas sísmicas viajarían como se muestra abajo a la izquierda. Pero la densidad cambia bruscamente de una capa a otra, por ello las ondas sísmicas se reflejan o refractan *(abajo, derecha)*. De este modo, los geólogos miden el espesor de cada capa.

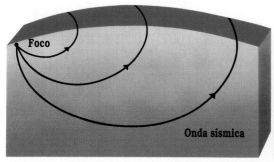

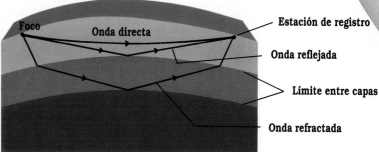

La exploración del núcleo

La técnica de la tomografía sísmica registra ondas sísmicas cruzadas en diferentes puntos para crear una visión tridimensional de la densidad del interior de la Tierra. En el segundo esquema de la derecha, las zonas en rojo y amarillo son menos densas que las de los alrededores; las zonas en azul y verde tienen una densidad mayor. El resultado es un retrato detallado de la estructura interna de la Tierra.

Las ondas longitudinales también se conocen con el nombre de ondas primarias, u ondas P, y las ondas transversales se llaman secundarias, u ondas S *(véase págs. 50-51).*

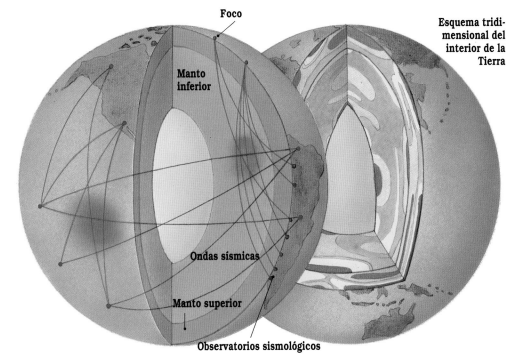

Foco

Manto inferior

Ondas sísmicas

Manto superior

Observatorios sismológicos

Esquema tridimensional del interior de la Tierra

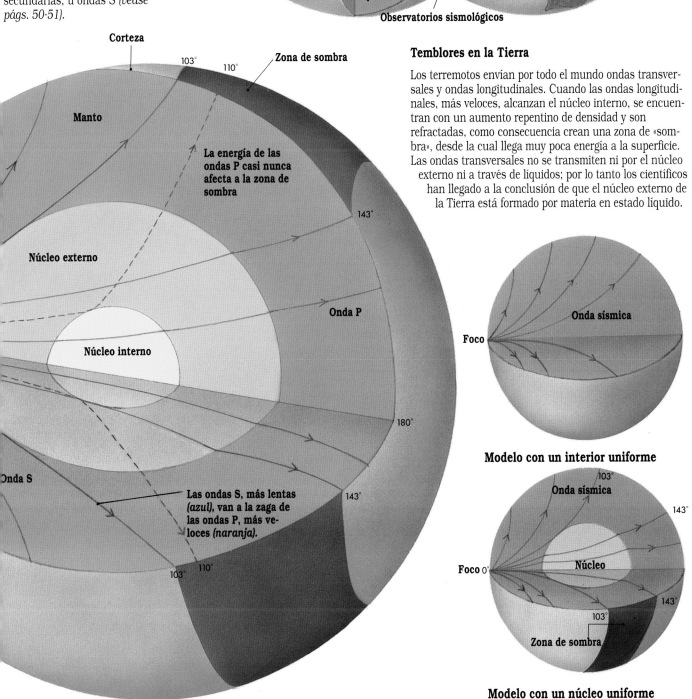

Corteza

103° 110°

Zona de sombra

Manto

La energía de las ondas P casi nunca afecta a la zona de sombra

Núcleo externo

143°

Núcleo interno

Onda P

180°

Onda S

Las ondas S, más lentas *(azul),* van a la zaga de las ondas P, más veloces *(naranja).*

143°

103° 110°

103°

Temblores en la Tierra

Los terremotos envían por todo el mundo ondas transversales y ondas longitudinales. Cuando las ondas longitudinales, más veloces, alcanzan el núcleo interno, se encuentran con un aumento repentino de densidad y son refractadas, como consecuencia crean una zona de «sombra», desde la cual llega muy poca energía a la superficie. Las ondas transversales no se transmiten ni por el núcleo externo ni a través de líquidos; por lo tanto los científicos han llegado a la conclusión de que el núcleo externo de la Tierra está formado por materia en estado líquido.

Onda sísmica

Foco

Modelo con un interior uniforme

103°

Onda sísmica

143°

Foco 0° **Núcleo**

143°

103°

Zona de sombra

Modelo con un núcleo uniforme

15

¿Qué tamaño tiene la Tierra?

Desde el siglo IV a.C., cuando los filósofos griegos afirmaron que la Tierra era una esfera, tal vez influidos por la cita del libro bíblico de *Isaías*, los científicos han intentado medir con precisión el tamaño del planeta. Eratóstenes, director de la biblioteca de Alejandría, en Egipto, llevó a cabo un famoso intento. En el año 230 a.C., Eratóstenes descubrió que la sombra que a mediodía proyectaba una vara vertical en su ciudad era más larga que la que, en el mismo momento, proyectaba una vara idéntica en la ciudad de Syene, 920 km más al Sur. (Si la Tierra fuera plana, las sombras tendrían la misma longitud en las dos ciudades.) Midiendo la diferencia de ángulo entre el Sol y las dos varas, y como sabía la distancia entre las dos ciudades, Eratóstenes pudo calcular la circunferencia de la Tierra en el ecuador. La medida que obtuvo sólo superaba en un 15% el tamaño real de 40.000 km.

La imagen tomada desde el espacio, muestra la forma esférica de la Tierra. Los antiguos griegos utilizaron la geometría para calcular la forma y el tamaño del planeta.

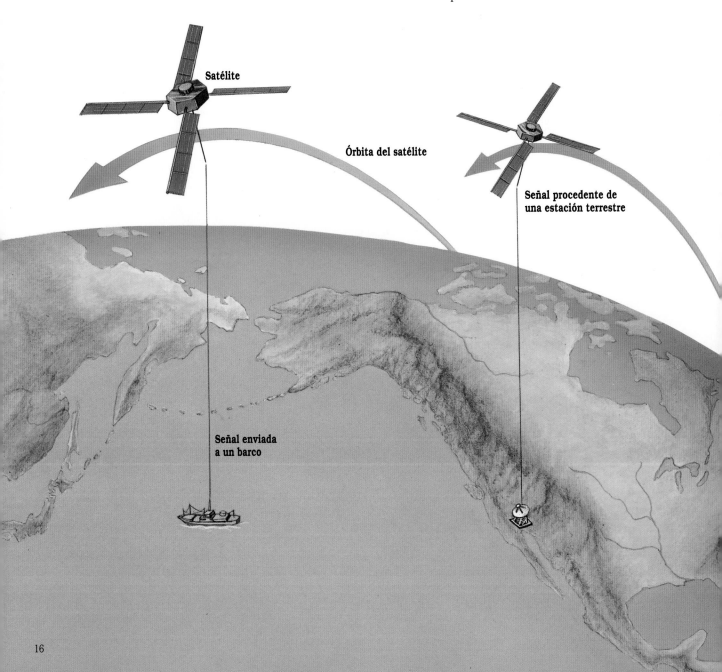

Satélite

Órbita del satélite

Señal procedente de una estación terrestre

Señal enviada a un barco

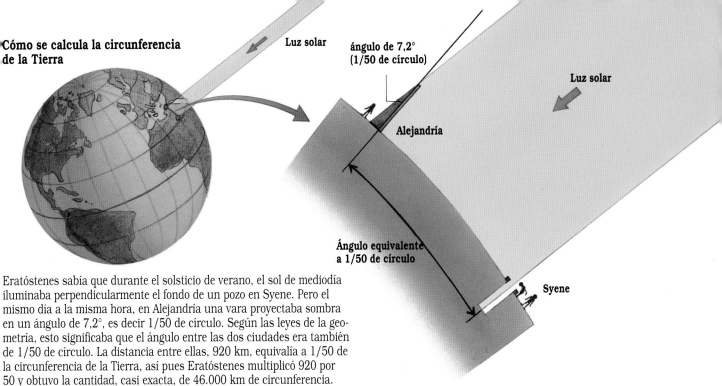

Cómo se calcula la circunferencia de la Tierra

Luz solar

ángulo de 7,2°
(1/50 de círculo)

Luz solar

Alejandría

Ángulo equivalente
a 1/50 de círculo

Syene

Eratóstenes sabía que durante el solsticio de verano, el sol de mediodía iluminaba perpendicularmente el fondo de un pozo en Syene. Pero el mismo día a la misma hora, en Alejandría una vara proyectaba sombra en un ángulo de 7,2°, es decir 1/50 de círculo. Según las leyes de la geometría, esto significaba que el ángulo entre las dos ciudades era también de 1/50 de círculo. La distancia entre ellas, 920 km, equivalía a 1/50 de la circunferencia de la Tierra, así pues Eratóstenes multiplicó 920 por 50 y obtuvo la cantidad, casi exacta, de 46.000 km de circunferencia.

Una esfera imperfecta

Polo Norte

Radio en el
ecuador: 6.378 km

Radio en los polos:
6.357 km

Ecuador

Polo Sur

La materia de que está formada la Tierra es empujada hacia el centro del planeta por la gravedad, lo cual confiere al globo su forma esférica. Sin embargo, la fuerza centrífuga creada por la rotación de la Tierra produce un ligero achatamiento en los polos. Por lo tanto, tal como se muestra a la izquierda, la circunferencia de la Tierra mide 40.075 km en torno al ecuador, y sólo 40.008 alrededor de los polos. Si obviamos o nivelamos accidentes topográficos como las montañas y los fondos marinos, obtenemos una forma ideal de la Tierra, llamada geoide, que difiere ligeramente de un elipsoide perfecto.

Elipsoide teórico
de la Tierra

Superficie
del geoide

Dirección de la fuerza de
atracción de la gravedad

Superficie terrestre

Océano

Continente

Hacia el centro del elipsoide

Mediciones desde el espacio

Las mediciones realizadas desde diferentes lugares de la superficie terrestre pueden indicar con toda precisión la situación de un satélite en órbita alrededor de la Tierra *(izquierda)*. La posición del satélite se puede utilizar para determinar la distancia entre dos puntos de la Tierra, así durante la navegación los barcos pueden utilizar el satélite como un faro. Sin embargo, las órbitas de los satélites no son totalmente simétricas; las irregularidades que experimenta la gravedad terrestre varían de algún modo la órbita. Debido a ello, los satélites pueden medir con toda exactitud el campo gravitatorio terrestre. Estas mediciones muestran que la Tierra tiene una ligera forma de pera; como se puede ver en el esquema exagerado de la derecha, el polo Norte es 14 m más alto que un elipsoide perfecto, y el polo Sur es 24 m más bajo.

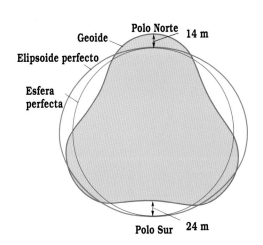

Polo Norte 14 m

Geoide

Elipsoide perfecto

Esfera
perfecta

Polo Sur 24 m

¿Varía la gravedad terrestre?

La gravedad es la fuerza de atracción entre dos objetos. Cuando tiramos una pelota al aire, la mayor gravedad del planeta la impulsa de vuelta a la Tierra. Pero los objetos en la Tierra también están sujetos a la fuerza centrífuga que crea la rotación terrestre sobre su eje. Cuando se da vueltas a una pelota atada a una cuerda, la fuerza centrífuga hace que la pelota vuele lejos del centro de rotación; cuanto más larga sea la cuerda, mayor será la fuerza. En la Tierra, la mayor fuerza centrífuga se encuentra en el ecuador, donde el radio de rotación es de casi 6.500 km, y la menor en los polos, donde el radio de rotación es cero.

La fuerza de gravedad en cualquier punto de la Tierra es la suma de la fuerza de atracción y la fuerza centrífuga que se ejercen en ese punto. Por consiguiente, la fuerza de gravedad varía ligeramente con la latitud. La altitud y la topografía local también pueden provocar que la gravedad terrestre difiera entre dos lugares cercanos.

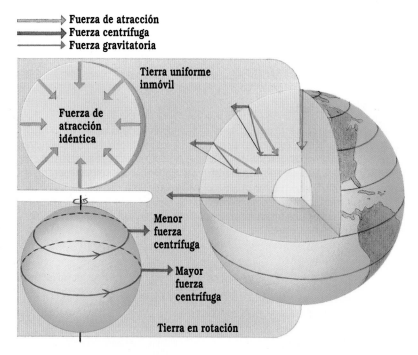

Fuerza de atracción
Fuerza centrífuga
Fuerza gravitatoria

Tierra uniforme inmóvil

Fuerza de atracción idéntica

Menor fuerza centrífuga

Mayor fuerza centrífuga

Tierra en rotación

El efecto de la latitud en la gravedad

Si el interior de la Tierra fuera uniforme y el planeta no girara sobre su eje, la fuerza de atracción de la superficie sería igual en todas partes. Sin embargo, en la Tierra tal como la conocemos, es decir, en rotación sobre su eje, la fuerza centrífuga disminuye a mayor latitud, por lo tanto la aparente fuerza de atracción de la gravedad es mayor a latitudes más altas. Las mediciones realizadas muestran que hay una diferencia del 0,5% entre los polos y el ecuador.

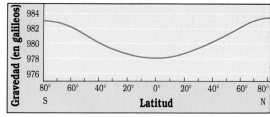

$(1\ galileo = 10^{-2}\ m/s^2)$

Altitud y gravedad

A medida que aumenta la distancia desde el centro de la Tierra, la fuerza de la gravedad disminuye. En la cima de una montaña, o en los pisos más altos de un rascacielos *(abajo, izquierda)*, la fuerza de atracción es menor que a nivel del suelo. El ritmo al que disminuye la gravedad a medida que aumenta la altitud es constante en todo el planeta.

Tiempo y gravedad

Cuando la gravedad en un punto determinado se mide a lo largo de un período de tiempo, como se muestra abajo, se descubre que varía ligeramente. Los cambios siguen un ciclo de aproximadamente 12,5 horas y son el resultado de un ligero abombamiento de la Tierra que se debe, a su vez, a la atracción gravitatoria que ejercen el Sol y la Luna.

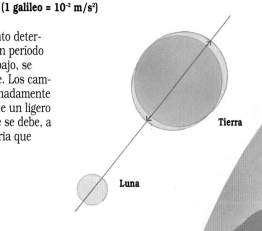

Tierra

Luna

Gravedad más débil

Gravedad más fuerte

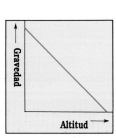

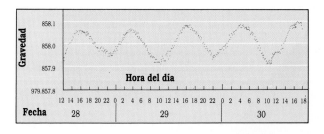

Situación y gravedad

Las formaciones geológicas que rodean un lugar pueden influir en la gravedad medida en esa localidad. Las montañas, por ejemplo, alteran la fuerza y la dirección de la fuerza de gravedad. Para garantizar una medición exacta de la gravedad de un lugar, los científicos tienen en cuenta la hora, la latitud, la altitud y las formaciones geológicas cercanas. Sin embargo, aun

después de efectuar estas correcciones, las diferencias a menudo siguen patentes. Las anomalías se deben a variaciones en la estructura y composición de la Tierra por debajo del punto de medición. Los materiales densos aumentan la fuerza de gravedad; los menos densos la reducen. Estas anomalías ayudan a los geólogos a determinar la composición de la Tierra.

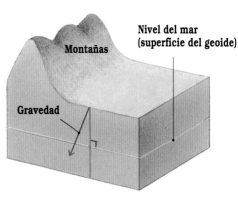

Las anomalías gravitatorias revelan la presencia de estructuras geológicas bajo la superficie. Como el manto es más denso que la corteza, las anomalías positivas indican que la corteza es fina y las negativas indican dónde se encuentra la corteza más gruesa.

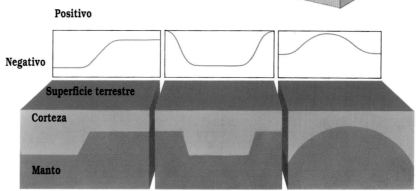

Montañas y gravedad

En el siglo XIX, los topógrafos británicos en la India descubrieron que si suspendían un peso de una cuerda en un punto C, éste se alejaba de su posición vertical y se dirigía hacia la cordillera del Himalaya, situada en las proximidades. Este hecho indicaba que la gran masa de una cordillera montañosa ejerce por sí misma una

fuerza gravitatoria. Pero la fuerza del Himalaya era menor que la indicada por las mediciones de su masa, lo que a su vez dio a los geólogos las primeras pistas que les llevaron a formular la teoría de la isostasia *(págs. 10-11)*.

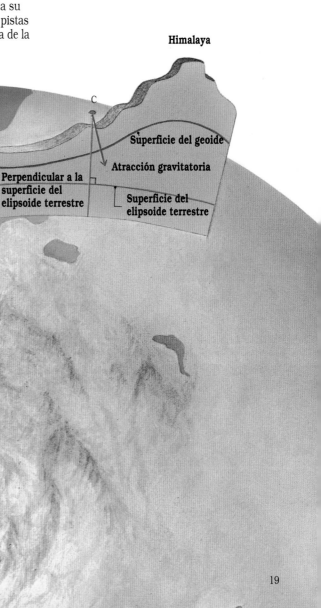

¿Por qué las brújulas señalan al norte?

Cuando se coloca una brújula cerca de una barra imantada, el polo norte de la aguja de la brújula apunta siempre a un polo del imán. La Tierra, un imán gigante, hace que una brújula actúe del mismo modo; la aguja de la brújula apunta siempre a un polo del campo magnético terrestre, situado cerca del polo Norte del planeta.

El núcleo de la Tierra crea el campo magnético del planeta. El núcleo externo fluido tiene un alto contenido en hierro y por lo tanto es un excelente conductor de la electricidad. Cuando el fluido se mueve como reacción a las corrientes de calor internas, o a la rotación terrestre, genera una corriente eléctrica que convierte el núcleo en un enorme electroimán.

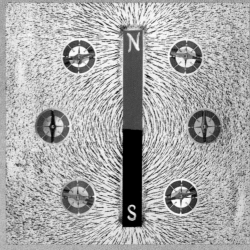

▲ **Las limaduras de hierro** alrededor de una barra magnética muestran las lineas del campo magnético. La aguja de una brújula permanece paralela a esas lineas.

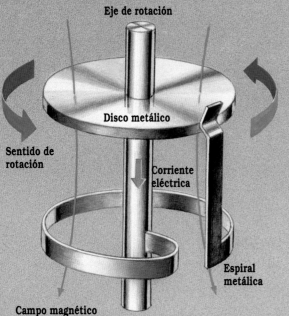

Eje de rotación

Disco metálico

Sentido de rotación

Corriente eléctrica

Espiral metálica

Campo magnético

● **La Tierra es una dinamo**

Tal y como se muestra a la derecha, el núcleo externo de la Tierra crea una corriente eléctrica que a su vez genera un campo magnético.

1 **Según la teoría de la dinamo** que se ilustra a la izquierda, el movimiento del fluido rico en hierro del núcleo externo de la Tierra genera al mismo tiempo una corriente eléctrica y el campo magnético terrestre. El disco de metal representa el fluido del núcleo externo; cuando el disco da vueltas, produce una corriente que fluye hacia abajo a lo largo del eje de rotación.

2 **La corriente que fluye** eje abajo *(derecha)* regresa al disco a través de la espiral metálica. Cuanto más rápida sea la rotación, más fuerte será el campo magnético resultante *(flechas azules)*.

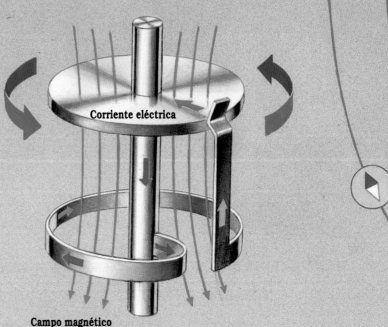

Corriente eléctrica

Campo magnético

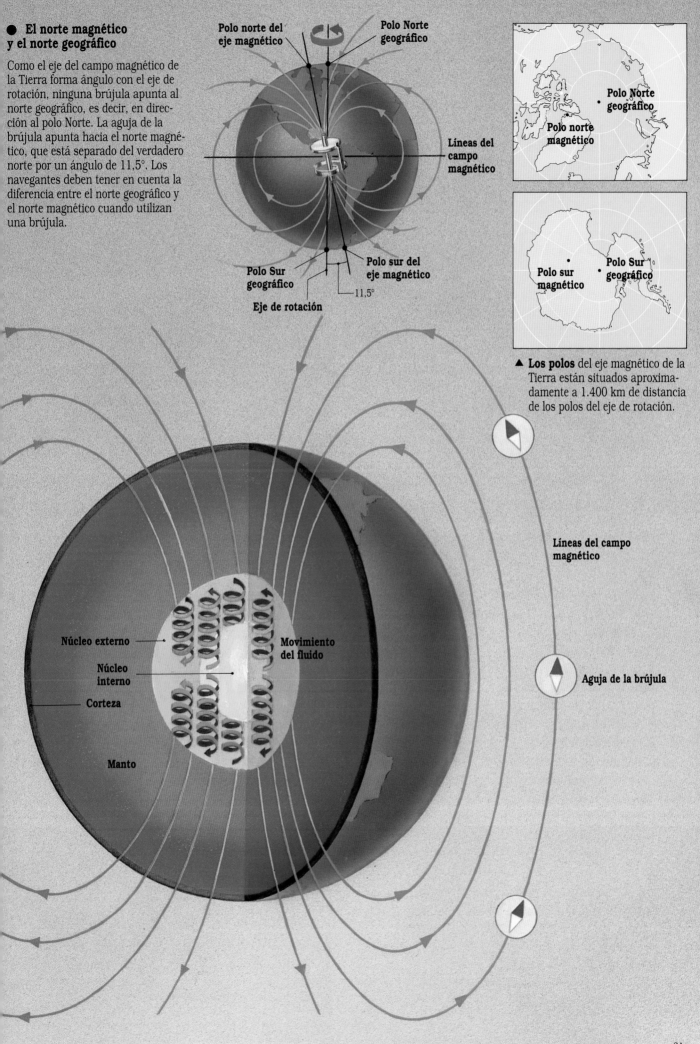

● El norte magnético y el norte geográfico

Como el eje del campo magnético de la Tierra forma ángulo con el eje de rotación, ninguna brújula apunta al norte geográfico, es decir, en dirección al polo Norte. La aguja de la brújula apunta hacia el norte magnético, que está separado del verdadero norte por un ángulo de 11,5°. Los navegantes deben tener en cuenta la diferencia entre el norte geográfico y el norte magnético cuando utilizan una brújula.

Polo norte del eje magnético

Polo Norte geográfico

Líneas del campo magnético

Polo Sur geográfico

Polo sur del eje magnético

11,5°

Eje de rotación

Polo Norte geográfico

Polo norte magnético

Polo sur magnético

Polo Sur geográfico

▲ **Los polos** del eje magnético de la Tierra están situados aproximadamente a 1.400 km de distancia de los polos del eje de rotación.

Núcleo externo

Núcleo interno

Corteza

Manto

Movimiento del fluido

Líneas del campo magnético

Aguja de la brújula

2
Cuando los continentes chocan

La Tierra es un planeta en constante cambio, su superficie es una masa de continentes en colisión y mares cambiantes. Esta capa externa no es una forro sin costuras, al contrario, está fracturada en aproximadamente una docena de placas rígidas montadas sobre una capa de roca semifundida. Impulsadas por diversas fuerzas procedentes de lo más profundo de la Tierra, esas inmensas balsas de roca, cuando se mueven, transportan los continentes.

En los límites de estas placas movedizas, hay una gran actividad geológica, marcada por numerosos terremotos. Las placas chocan de frente, se separan, o simplemente sus bordes se van puliendo con el roce, así se forman los principales accidentes y transformaciones geológicas de la superficie terrestre. En el punto en que chocan las placas, el borde de una placa se hunde en el manto ardiente, y por lo general, en la línea de su desaparición, se abre una profunda fosa oceánica. En el punto en que las placas se alejan unas de otras, el magma brota desde el fondo y crea accidentes que se conocen con el nombre de dorsales centro-oceánicas y valles de fractura. En el punto en que una placa empuja a otra, se crean grandes fallas y tienen lugar los terremotos. Esta explicación de las transformaciones que moldean la Tierra se conoce con el nombre de tectónica de placas, término tomado de la palabra griega que significa "construcción". Esta teoría, desarrollada en los años 1960, ocupa el primer puesto dentro de los grandes avances de la historia de la geología. Con ella, los geólogos cuentan con un sistema para entender cualquier incidente, a corto y largo plazo, en la superficie terrestre, desde la existencia de terremotos y volcanes, hasta la deriva continental y el nacimiento de las montañas.

El Gran Valle del Rift –o valle de la Grieta–, al este de África, que se extiende unos 4.000 km desde el mar Rojo hasta Mozambique, marca una ruptura en el continente en el punto donde la placa africana se está partiendo. A lo largo de esta grieta, tal vez algún día se forme un brazo de mar como el mar Rojo.

¿Se mueven los continentes?

Los continentes han ido cambiando de posición lentamente durante millones de años, juntándose y separándose a medida que las placas sobre las que están montados van moviéndose alrededor del globo. En 1912, el meteorólogo alemán Alfred Wegener afirmó que en otro tiempo todos los continentes estaban fundidos en un supercontinente, Pangea ("toda las tierras"), que empezó a fragmentarse hace aproximadamente 200 millones de años.

La teoría de Wegener de la deriva continental no se aceptó hasta la década de 1960, cuando un grupo de geólogos elaboró una interpretación de los movimientos de las placas que explicaba como pudo tener lugar tal deriva. Actualmente, los geólogos creen que los continentes se movían incluso antes de la desintegración de Pangea, y suponen que el movimiento continuo puede llegar a unir de nuevo los continentes y crear una Tierra verdaderamente unificada.

Dentro de 50 millones de años. El Atlántico sigue ensanchándose y el Pacífico se reduce. Australia se acerca a Asia. California, al oeste de la falla de San Andrés, se mueve hacia el norte. El Valle del Rift africano se abre y se inunda. El mar Rojo se ensancha y el golfo Pérsico desaparece.

6

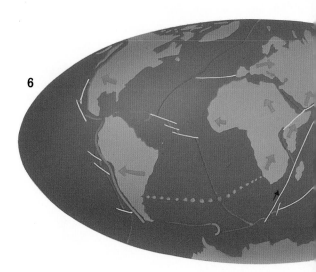

—————— **Fosa oceánica**

—————— **Dorsal centro-oceánica**

—————— **Falla de transformación**

●   **Punto significativo**

⟹ **Deriva continental**

➤ **Desplazamiento del fondo marino**

Hace 200 o 300 millones de años. Los continentes estaban unidos y formaban el supercontinente Pangea. América del Norte y Eurasia conformaban la parte septentrional, llamada Laurasia. Los demás continentes se agrupaban en la zona meridional, Gondwana. Al este estaba el mar de Tetis.

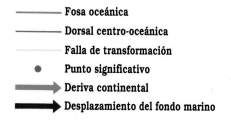

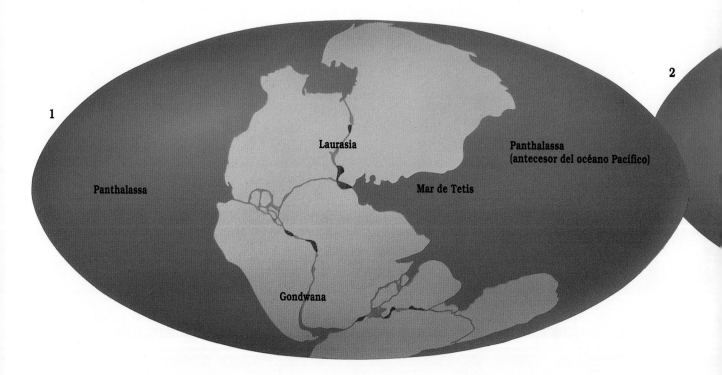

1

Panthalassa

Laurasia

Mar de Tetis

Panthalassa (antecesor del océano Pacífico)

Gondwana

2

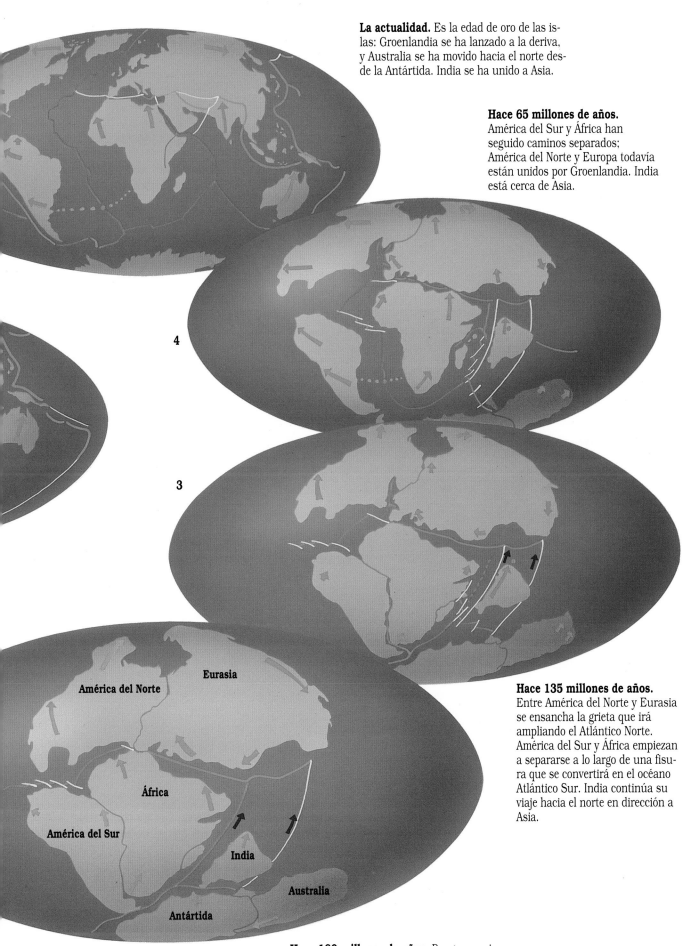

La actualidad. Es la edad de oro de las islas: Groenlandia se ha lanzado a la deriva, y Australia se ha movido hacia el norte desde la Antártida. India se ha unido a Asia.

Hace 65 millones de años. América del Sur y África han seguido caminos separados; América del Norte y Europa todavía están unidos por Groenlandia. India está cerca de Asia.

4

3

Eurasia

América del Norte

África

América del Sur

India

Australia

Antártida

Hace 135 millones de años. Entre América del Norte y Eurasia se ensancha la grieta que irá ampliando el Atlántico Norte. América del Sur y África empiezan a separarse a lo largo de una fisura que se convertirá en el océano Atlántico Sur. India continúa su viaje hacia el norte en dirección a Asia.

Hace 180 millones de años. Pangea empieza a separarse. El océano Atlántico Norte comienza a abrirse entre Laurasia y Gondwana. La propia Gondwana se desmembra en tres partes, y contrae el Mar de Tetis a medida que América del Sur, África e India van desplazándose hacia el norte.

¿Existen pruebas de la deriva continental?

Muchas pruebas apoyan la creencia de que, en otro tiempo, los continentes formaban parte de una única y enorme masa terrestre que más tarde se fragmentó y separó. El indicio más obvio es que las costas de continentes distantes, como América del Sur y África, encajan casi a la perfección, hecho que hace suponer que esas masas continentales en otro tiempo estuvieron unidas. Otra prueba la tenemos en los fósiles: en continentes que actualmente están separados por océanos, se han encontrado restos idénticos de determinadas especies animales y vegetales. Asimismo, las pruebas minerales –como los yacimientos de carbón en la Antártida– muestran que los continentes han tenido climas que no hubieran podido producirse de encontrarse en la posición actual.

Tenemos otras pruebas de la deriva continental procedentes de formaciones de rocas parejas en ambas orillas del océano Atlántico: tales rocas se hunden en el mar en una costa para reaparecer de forma idéntica en la costa opuesta. Numerosos continentes tienen también depósitos glaciares parecidos entre sí.

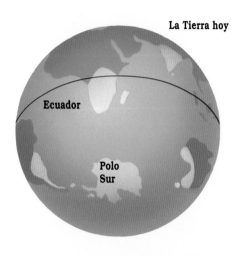

La Tierra hoy

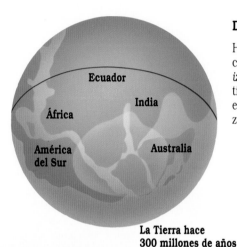

La Tierra hace
300 millones de años

Diáspora glaciar

Hace unos 300 millones de años, los glaciares *(zona blanca sombreada a la izquierda)* cubrían el extremo de los continentes meridionales. Una explicación a este hecho está en la idea de que estas zonas estaban unidas cerca del polo Sur.

Caracoles trasatlánticos

El caracol común de jardín vive a ambos lados del Atlántico, un océano que no puede atravesar por sus propios medios. Los geólogos creen que estos hábitats tan distantes, en rojo a la izquierda, se encontraban antaño en contacto.

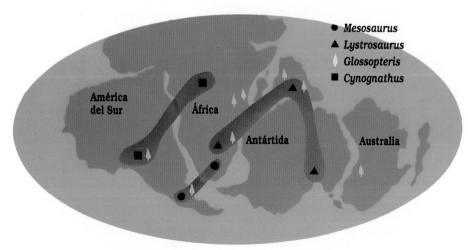

- ● *Mesosaurus*
- ▲ *Lystrosaurus*
- ◊ *Glossopteris*
- ■ *Cynognathus*

Fósiles esparcidos

Tal y como se muestra a la izquierda, los fósiles de los helechos *Glossopteris* y de los reptiles *Lystrosaurus, Mesosaurus* y *Cynognathus* –que vivieron hace más de 200 millones de años– están esparcidos por varios continentes, señal de que en otra época los continentes estaban unidos. Los océanos de hoy en día hubieran impedido la migración de estos organismos terrestres.

La prueba más convincente tiene una procedencia inusual. Los estudios del alineamiento de las partículas magnéticas en las rocas antiguas muestran que los continentes se han movido desde que las rocas se formaron.

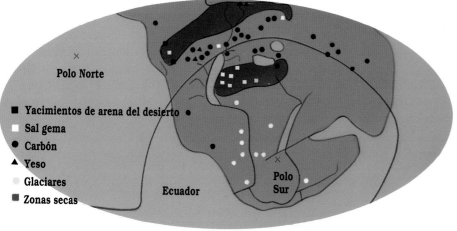

- ■ **Yacimientos de arena del desierto** ●
- □ **Sal gema**
- ● **Carbón**
- ▲ **Yeso**
- ○ **Glaciares**
- ■ **Zonas secas**

Polo Norte

Ecuador

Polo Sur

Testimonio de antiguos climas

Indicios de antiguos arrecifes de coral y desiertos de dunas, así como yacimientos de carbón, sal y yeso, aparecen en muchos lugares donde el clima actual hubiera impedido su formación. Estos yacimientos arqueológicos pueden explicarse si se desplazan los continentes a sus antiguas posiciones, como se muestra a la izquierda.

América del Norte

Europa

Migración de los polos en Europa *(rojo)* y América del Norte *(azul)* suponiendo que los continentes sean fijos.

Migración de los polos en Europa *(rojo)* y América del Norte *(azul)* suponiendo que exista la deriva continental.

Polos migratorios

Las propiedades magnéticas de las rocas antiguas muestran que los polos magnéticos de la Tierra se han desplazado con el paso del tiempo. Las rocas de América del Norte describen una trayectoria migratoria diferente a la de las rocas europeas *(primer dibujo a la izquierda)*. Las dos trayectorias sólo coincidirían si los continentes hubieran estado unidos en el pasado *(segundo dibujo a la izquierda)*.

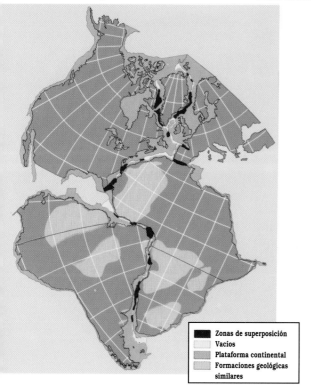

- ■ **Zonas de superposición**
- □ **Vacíos**
- ▨ **Plataforma continental**
- ▦ **Formaciones geológicas similares**

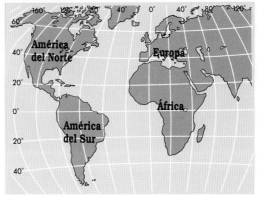

América del Norte

Europa

África

América del Sur

Rompecabezas gigante

Un mapamundi preciso, como el que se muestra arriba, se puede manipular con el ordenador para colocar los continentes en sus antiguas posiciones *(izquierda)*. África y América del Sur –con su respectiva plataforma continental– encajan perfectamente. En lo que se refiere a formaciones geológicas similares *(anaranjado)*, los continentes coinciden tanto en los tipos de roca y en la estructura, como en el contorno.

¿Por qué se mueve la superficie terrestre?

El calor del interior de la Tierra es la fuerza motriz responsable de la tectónica de placas: el conjunto de procesos que ocasionan la expansión de los fondos oceánicos y el movimiento continental. A medida que este calor asciende a través del manto, deforma la litosfera –la quebradiza piel de roca que compone la capa externa rígida del planeta– y la rompe en grandes placas. Estas placas, de unos 100 km de espesor cada una, se mueven lenta pero constantemente sobre la astenosfera, capa de roca del manto superior tan caliente que se deshace y fluye como una masa fundida.

En los lugares en que dos placas se separan, la roca fundida sube desde la astenosfera para rellenar el hueco, y crea así nueva litosfera. Cuando dos placas chocan, el borde de una se hunde por debajo de la otra en la astenosfera, donde el enorme calor del manto la consume; este fenómeno se llama subducción. Los geólogos suponen que los flujos térmicos llamados corrientes de convección impulsan el movimiento de las placas; según este punto de vista, la elevada temperatura interna de la Tierra mezcla el material del manto como si fuera un puré hirviendo. Pero los científicos discrepan en cuanto a la forma en que se mueven las placas. Algunos creen que las placas avanzan pasivamente impulsadas por corrientes ascendentes y descendentes. Otros sostienen que parte del empuje se debe a las placas mismas; de acuerdo con esta teoría, el peso del extremo de la placa que se está hundiendo lleva al fondo, hacia la zona de subducción, al resto de la placa.

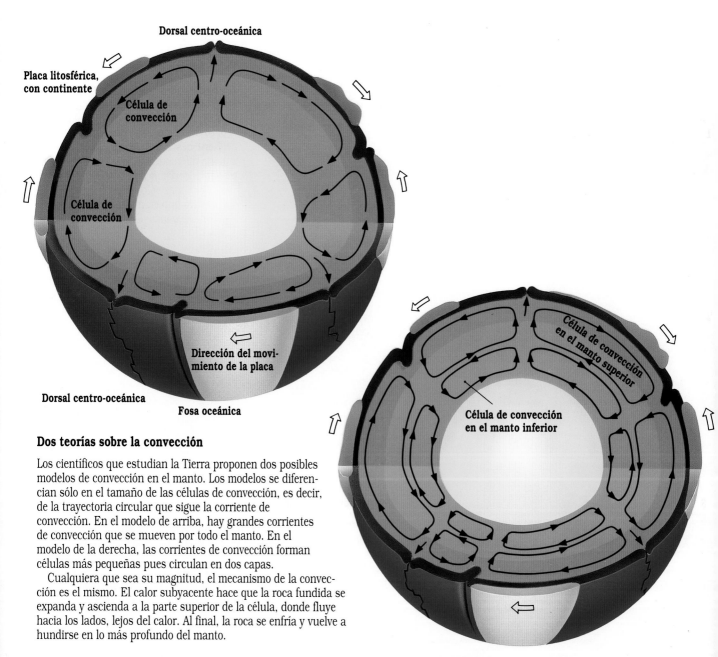

Dorsal centro-oceánica

Placa litosférica, con continente

Célula de convección

Célula de convección

Dorsal centro-oceánica

Dirección del movimiento de la placa

Fosa oceánica

Célula de convección en el manto superior

Célula de convección en el manto inferior

Dos teorías sobre la convección

Los científicos que estudian la Tierra proponen dos posibles modelos de convección en el manto. Los modelos se diferencian sólo en el tamaño de las células de convección, es decir, de la trayectoria circular que sigue la corriente de convección. En el modelo de arriba, hay grandes corrientes de convección que se mueven por todo el manto. En el modelo de la derecha, las corrientes de convección forman células más pequeñas pues circulan en dos capas.

Cualquiera que sea su magnitud, el mecanismo de la convección es el mismo. El calor subyacente hace que la roca fundida se expanda y ascienda a la parte superior de la célula, donde fluye hacia los lados, lejos del calor. Al final, la roca se enfría y vuelve a hundirse en lo más profundo del manto.

Continentes desgarrados

Tal y como se muestra en el esquema 1 del gráfico de la derecha, las corrientes térmicas convectivas ascendentes *(flecha amarilla)* inician el proceso de fragmentación de un continente. En primer lugar, el calor hace que la corteza continental se arquee hacia arriba y forme una especie de bóveda; durante millones de años la bóveda se estira hasta que se rompe. Entonces las placas de la corteza se separan, se forma un valle de fractura y el océano empieza a llenarlo. Mientras las placas siguen separándose, el magma ascendente forma una dorsal centro-oceánica (2).

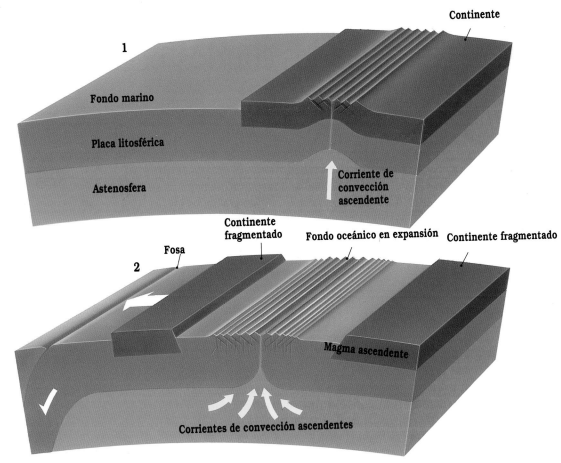

Continente

1

Fondo marino

Placa litosférica

Astenosfera

Corriente de convección ascendente

2

Fosa

Continente fragmentado

Fondo oceánico en expansión

Continente fragmentado

Magma ascendente

Corrientes de convección ascendentes

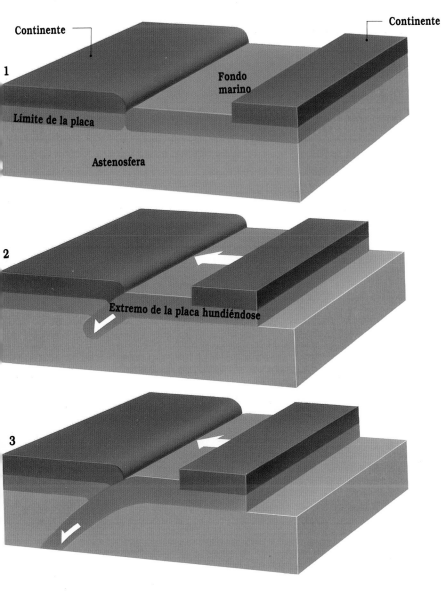

Continente

Continente

1

Fondo marino

Límite de la placa

Astenosfera

2

Extremo de la placa hundiéndose

3

El empuje de una placa subducida

Los tres esquemas del diagrama de la izquierda ilustran la teoría "activa" de la subducción, una colisión en la que una placa se superpone a otra. Según esta explicación, la litosfera hace las veces de parte superior de la célula de convección y las placas litosféricas van avanzando activamente. A medida que la nueva litosfera se aleja de la dorsal centro-oceánica donde se formó, se enfría, se espesa y se hace más densa; como ya no flota tanto, se hunde más en la astenosfera (1 y 2). Cuando ya se ha hundido una porción suficiente del extremo de la placa, su peso arrastra al resto (3), que sigue la trayectoria descendente de la corriente de convección. Así pues, la teoría activa sostiene que las placas se mueven independientemente del manto subyacente, y hasta es posible que contribuyan a dirigir los procesos de convección del manto.

¿Se expanden los fondos oceánicos?

El fondo del mar fue hasta los años 1950 un reino apenas conocido; en esa década una serie de técnicas recién desarrolladas, como el sonar, permitieron a los geógrafos trazar el mapa del fondo marino. Estos mapas revelaron la existencia de un asombroso accidente geográfico que ayudó a explicar la deriva continental: se encontró un sistema de dorsales oceánicas que se alzaban muy por encima del fondo, y formaban una cordillera montañosa submarina que serpentea a lo largo de unos 84.000 km por todos los océanos del mundo. En la cima de las dorsales oceánicas se extiende un profundo valle, llamado valle de fractura, donde el magma del manto asciende en erupción a la superficie; así, gracias a un proceso conocido con el nombre de expansión de los fondos oceánicos, el fondo marino se va renovando. A medida que se van añadiendo nuevas rocas al valle de fractura, por efecto del empuje, las rocas situadas a ambos lados se van alejando poco a poco del centro de la dorsal, como si estuvieran sobre sendas cintas transportadoras. De este modo, el fondo marino es más viejo cuanto más lejos se halle del centro de la dorsal.

La prueba de que el fondo marino se va expandiendo la tenemos en la orientación magnética de sus rocas. Cuando las rocas se forman en el valle de fractura, se magnetizan en la dirección del campo magnético de la Tierra en ese momento, y éste ha invertido su orientación en innumerables ocasiones a lo largo de la historia. Esas inversiones magnéticas son las causantes de que corran paralelas a la mayoría de las dorsales oceánicas franjas de rocas magnetizadas de forma alterna: como cada nuevo grupo de rocas se enfría y se desplaza a un lado, adquiere la orientación del campo magnético de la Tierra en ese instante.

Hay pruebas adicionales procedentes de los sedimentos oceánicos: su antigüedad y espesor aumentan con la distancia que los separa de la dorsal, eso demuestra que el fondo marino subyacente tiene aún más años.

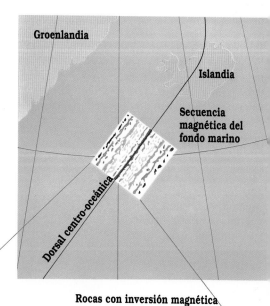

Groenlandia

Islandia

Secuencia magnética del fondo marino

Dorsal centro-oceánica

Rocas con inversión magnética

Rocas magnetizadas normalmente

Placa litosférica

Dirección de expansión de los fondos oceánicos

Corrientes de convección en el manto

Placa filipina

Un registro de los cambios

El fondo marino situado a ambos lados de la dorsal medio-atlántica, al sur de Islandia, tiene franjas de magnetismo alterno que se corresponden con la historia de las inversiones magnéticas de la Tierra. A medida que el fondo marino se va expandiendo y se aparta de la dorsal, cada nueva franja de rocas se divide por la mitad; las mitades quedan dispuestas de forma simétrica a ambos lados de la dorsal.

La eterna juventud del fondo marino

El registro de las inversiones magnéticas del fondo oceánico se corresponde con el encontrado en las rocas continentales, cuya edad se determina mediante el sistema de fechado isotópico. Por lo tanto, los espectros magnéticos del fondo marino se pueden utilizar para preparar un mapa *(derecha)* que muestre la edad del fondo. Estos mapas de edad codificada confirman que el fondo marino más joven corre paralelo a las dorsales centro-oceánicas y que el más antiguo linda con las plataformas continentales y con las fosas oceánicas. Si el fondo marino se expande a un ritmo de 1 a 5 cm al año, prácticamente no hay zona del fondo marino que supere los 200 millones de años.

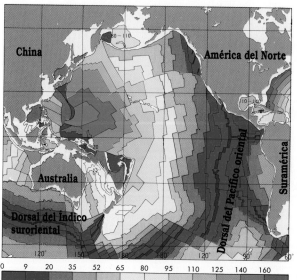

China

América del Norte

Australia

Dorsal del Pacífico oriental

Suramérica

Dorsal del Índico suroriental

| 0 | 9 | 20 | 35 | 52 | 65 | 80 | 95 | 110 | 125 | 140 | 160 |

Edad en millones de años

Cómo se mide la deriva continental con un cuasar

Una técnica llamada VLBI (Interferometría de Línea Basal Muy Larga) calcula el ritmo de la expansión de los fondos oceánicos y la deriva continental. El secreto del éxito de la VLBI reside en la habilidad de medir con precisión la distancia entre dos puntos alejados, es decir, los extremos de una línea basal muy larga. Tal y como se muestra a la derecha y abajo, un par de antenas VLBI captan las ondas de radio de un cuasar, una galaxia diminuta de extraordinaria luminosidad. A continuación, los ordenadores calculan con qué tiempo de diferencia una onda determinada alcanza cada uno de los dos puntos. Esta diferencia temporal varía según los puntos se van acercando o alejando, de modo que una comparación año tras año revela el ritmo al que las estaciones terrestres se acercan o alejan. En 1989, Hawai se acercó medio centímetro a Japón.

Ondas de radio de un cuasar

Antena 1

Antena 2

En la imagen ampliada de abajo, un buque oceanográfico utiliza un taladro para extraer muestras del fondo marino que después se fecharán.

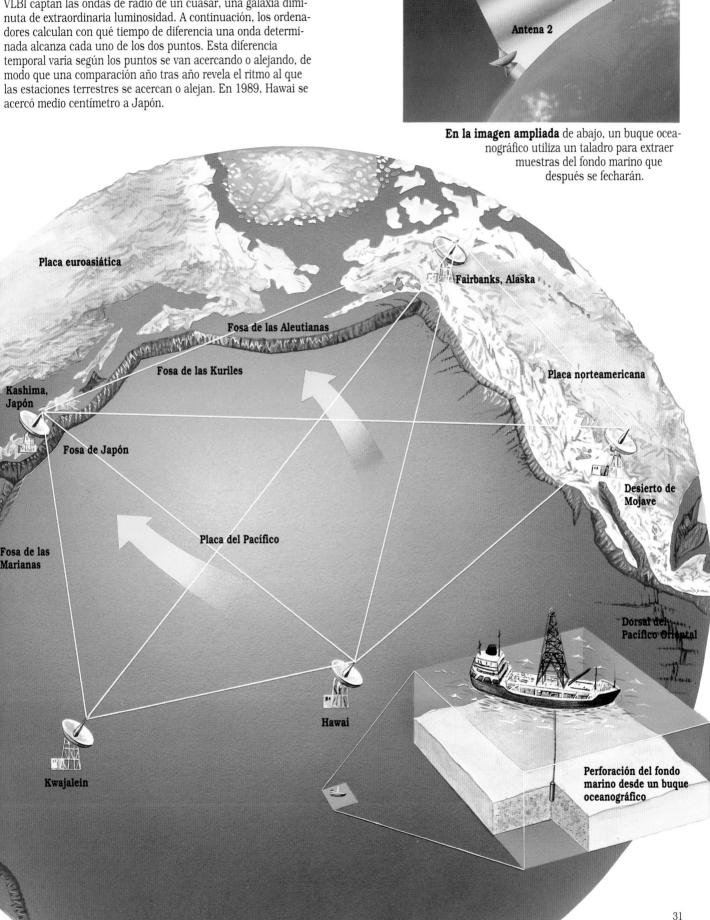

Placa euroasiática

Fairbanks, Alaska

Fosa de las Aleutianas

Fosa de las Kuriles

Placa norteamericana

Kashima, Japón

Fosa de Japón

Desierto de Mojave

Placa del Pacífico

Fosa de las Marianas

Hawai

Dorsal del Pacífico Oriental

Kwajalein

Perforación del fondo marino desde un buque oceanográfico

31

¿Cómo se forma el nuevo fondo oceánico?

Las dorsales centro-oceánicas, líneas divisorias entre las placas litosféricas, son zonas de constante actividad volcánica. En los últimos 200 millones de años aproximadamente, esas factorías de rocas han sido las responsables de la regeneración de más del 50% de la litosfera de la Tierra.

La mayor parte de esta actividad volcánica es reposada y gradual más que explosiva. Una corriente térmica que asciende a través del manto calienta una sección de la corteza oceánica, con lo que se expande y se adelgaza. Con el paso del tiempo, la corteza se rompe. Grandes fragmentos de la corteza se hunden y forman un valle de fractura que puede llegar a tener hasta 1,5 km de profundidad y 30 km de anchura. El magma fluye entonces hacia arriba a través de las fisuras o grietas subterráneas; si llega a la superficie, o bien se extiende sobre el fondo del valle, o bien se solidifica bajo la zona de fractura. La formación de fisuras y la actividad volcánica siguen un ciclo continuo, y crean constantemente nueva litosfera. La nueva corteza oceánica se aleja lentamente a ambos lados de la zona de fractura, y se va enfriando a medida que avanza. De este modo, la roca que se forma en dorsales situadas a 3 km por encima del fondo marino, a la larga, pasa a formar parte de la gran llanura que cubre el fondo del océano.

Construcción del fondo marino, capa a capa

En la zona de fractura, tres tipos de fenómenos volcánicos producen una corteza a capas. En el punto en que la formación de fallas da lugar a fisuras, el magma se filtra hacia la superficie y forma unas masas con protuberancias desiguales que reciben el nombre de lava almohadillada. Puede ocurrir también que el magma se solidifique en las fisuras, produciendo así diques verticales laminares. Parte del magma no llega nunca a la superficie, se cristaliza lentamente en la corteza inferior y se convierte en una roca llamada gabro. Los sedimentos oceánicos van formando una última capa sobre esta corteza ígnea.

4

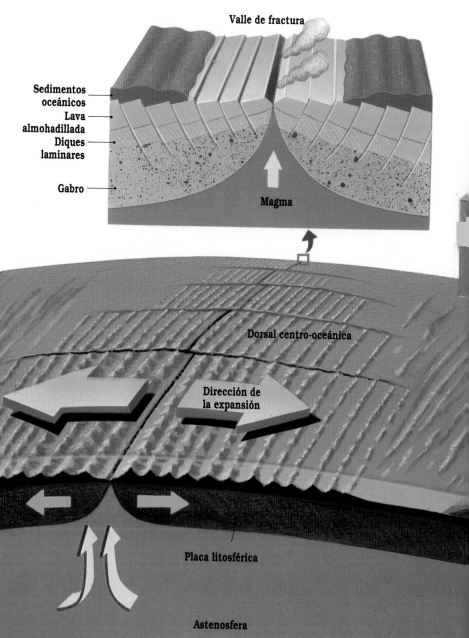

Valle de fractura

Sedimentos oceánicos

Lava almohadillada

Diques laminares

Gabro

Magma

Continente

Dorsal centro-oceánica

Dirección de la expansión

Placa litosférica

Astenosfera

Ha nacido un nuevo océano

Un nuevo océano empieza a formarse cuando una corriente térmica bajo un continente impulsa hacia la superficie el magma de la astenosfera. Cuando la corteza se expande y arquea hacia arriba, se debilita y se resquebraja (1). La corteza que bordea la grieta se hunde y forma un valle de fractura (2); el magma se va introduciendo lentamente en esta sima.

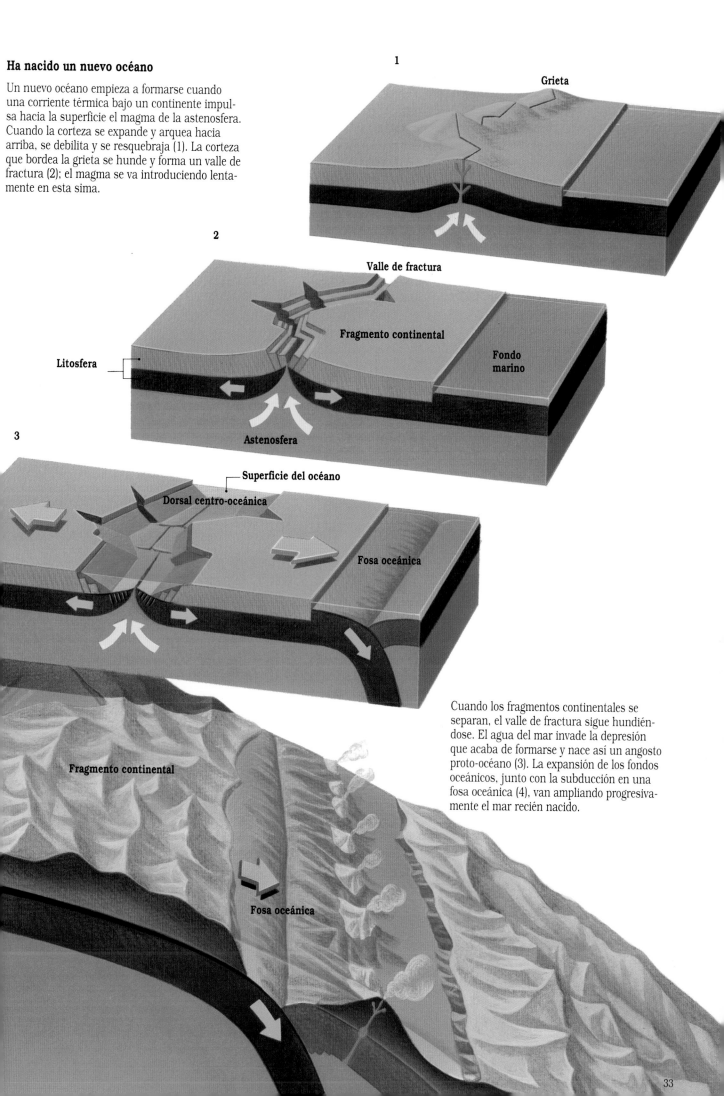

1

Grieta

2

Valle de fractura

Fragmento continental

Litosfera

Fondo marino

Astenosfera

3

Superficie del océano

Dorsal centro-oceánica

Fosa oceánica

Fragmento continental

Fosa oceánica

Cuando los fragmentos continentales se separan, el valle de fractura sigue hundiéndose. El agua del mar invade la depresión que acaba de formarse y nace así un angosto proto-océano (3). La expansión de los fondos oceánicos, junto con la subducción en una fosa oceánica (4), van ampliando progresivamente el mar recién nacido.

¿Son iguales todos los límites entre placas?

Las placas tectónicas de la Tierra están separadas por tres tipos de bordes. Los bordes divergentes marcan la línea donde dos placas se separan. Son bordes divergentes las dorsales oceánicas y el Gran Valle del Rift africano (o valle de la Grieta). El borde convergente, por el contrario, se forma en el punto en que chocan dos placas. Si una o las dos placas forman parte del fondo oceánico, el resultado del choque es la formación de una fosa abisal. Si sobre las dos placas hay continentes, los márgenes continentales chocan, se pliegan y se alzan en forma de cordillera montañosa. Junto al Himalaya existe un borde convergente. Por último, los bordes transformantes se encuentran donde dos placas se desplazan lateralmente. La intensa fricción que se genera durante el roce de estas placas provoca terremotos a lo largo de fracturas conocidas con el nombre de fallas transformantes. El caso más conocido de borde transformante es la falla de San Andrés (Estados Unidos).

El valle de fractura islandés que se muestra en la foto sigue una zona emergida de la dorsal Centroatlántica, el borde divergente entre dos placas oceánicas.

Tres tipos de límites entre placas

Borde divergente

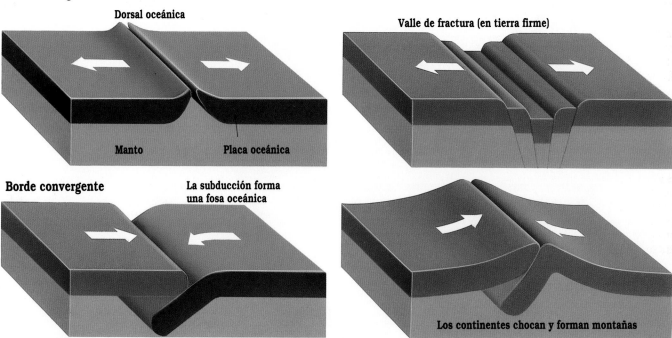

Dorsal oceánica

Valle de fractura (en tierra firme)

Manto   Placa oceánica

Borde convergente

La subducción forma una fosa oceánica

Los continentes chocan y forman montañas

Borde transformante

Falla transformante

Cuando el borde de una placa roza con el borde de otra que avanza en la dirección contraria, se forma una falla transformante.

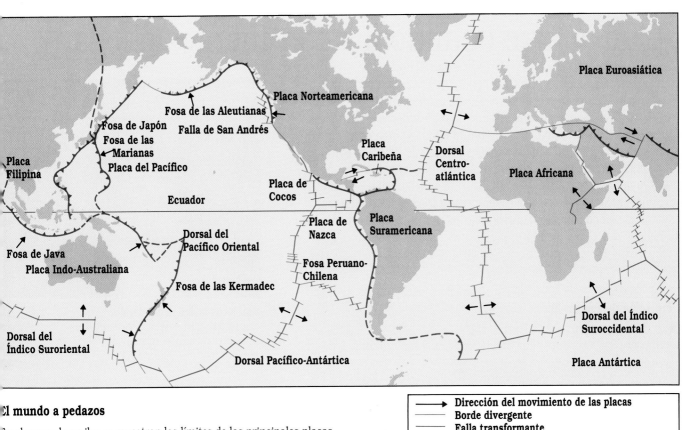

→	Dirección del movimiento de las placas
	Borde divergente
	Falla transformante
▲▲▲	Borde convergente
---	Borde poco conocido

El mundo a pedazos

En el mapa de arriba se muestran los límites de las principales placas tectónicas de la Tierra. La mayor parte de los márgenes de las placas son geológicamente activos, es decir, los terremotos y volcanes son mucho más frecuentes en esos límites que en otros lugares. Algunas placas están cubiertas casi por completo por corteza oceánica; otras proporcionan la base para amplias zonas de corteza continental. La velocidad del movimiento de placas varía muchísimo; es casi nula en África y llega a los 10 cm al año en algunas partes del Pacífico.

¿Qué hay en el límite de una placa?

Un corte transversal de la Tierra por el ecuador *(línea roja, a la derecha)* muestra los límites de las placas en el Pacífico oriental *(abajo)*. Una dorsal oceánica, con una trayectoria escalonada por la acción de las fallas transformantes, forma el límite divergente entre la placa del Pacífico al oeste y la placa de Nazca al este. Como la placa del Pacífico se mueve hacia el noroeste, al final se hundirá por completo en las fosas abisales frente a las costas de Alaska y Eurasia. La placa de Nazca con el tiempo se sumergirá bajo la placa suramericana en la Fosa Peruano-Chilena.

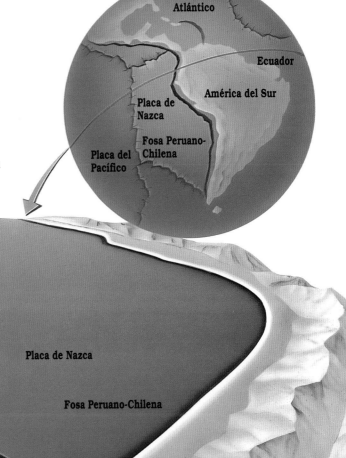

¿Qué ocurre cuando los continentes chocan?

El tipo de roca que forma la corteza continental es más ligero que la roca que se encuentra bajo el fondo oceánico; cuando dos placas así chocan, la corteza oceánica queda subducida bajo la corteza continental, que es más ligera. Sin embargo, cuando las dos placas que chocan transportan continentes, la idéntica capacidad de flotación evita que las masas continentales penetren en el manto a demasiada profundidad. Cuando los continentes se encuentran, sus márgenes se unifican, se comprimen, y se alzan en cordilleras montañosas. Estos choques titánicos suelen dar lugar a paisajes espectaculares, como es el caso del Himalaya (derecha) y los Alpes.

Son altos y siguen creciendo.
Los picos del Himalaya se elevan unos 5 cm al año, a medida que la placa índica continúa su lento avance bajo Asia.

Formación de una cordillera

Después de la fragmentación de Pangea, la India se convirtió en un continente aislado que navegaba rumbo norte en dirección a Asia. Hace aproximadamente 50 millones de años, cerca de lo que actualmente es el Tíbet, una fosa engulló el borde anterior oceánico de la placa índica; el manto fundió el borde anterior de la placa, y el magma resultante surgió a través de volcanes a lo largo de la costa asiática (1). Después, cuando la corteza continental india se topó con Asia (2), los sedimentos del mar que había separado los dos continentes se prensaron y plegaron entre ambos; así empezó la formación de las montañas. La India siguió avanzando, incrustándose bajo la corteza asiática (3) y elevando el Himalaya a una altura imponente.

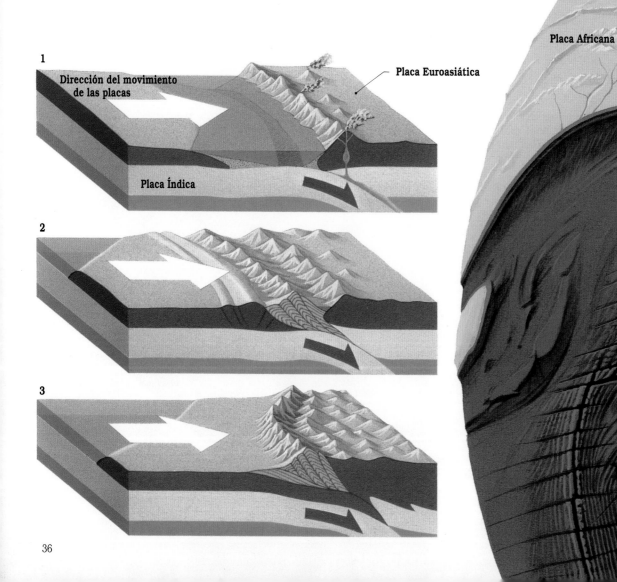

Placa Africana

1

Dirección del movimiento de las placas

Placa Euroasiática

Placa Índica

2

3

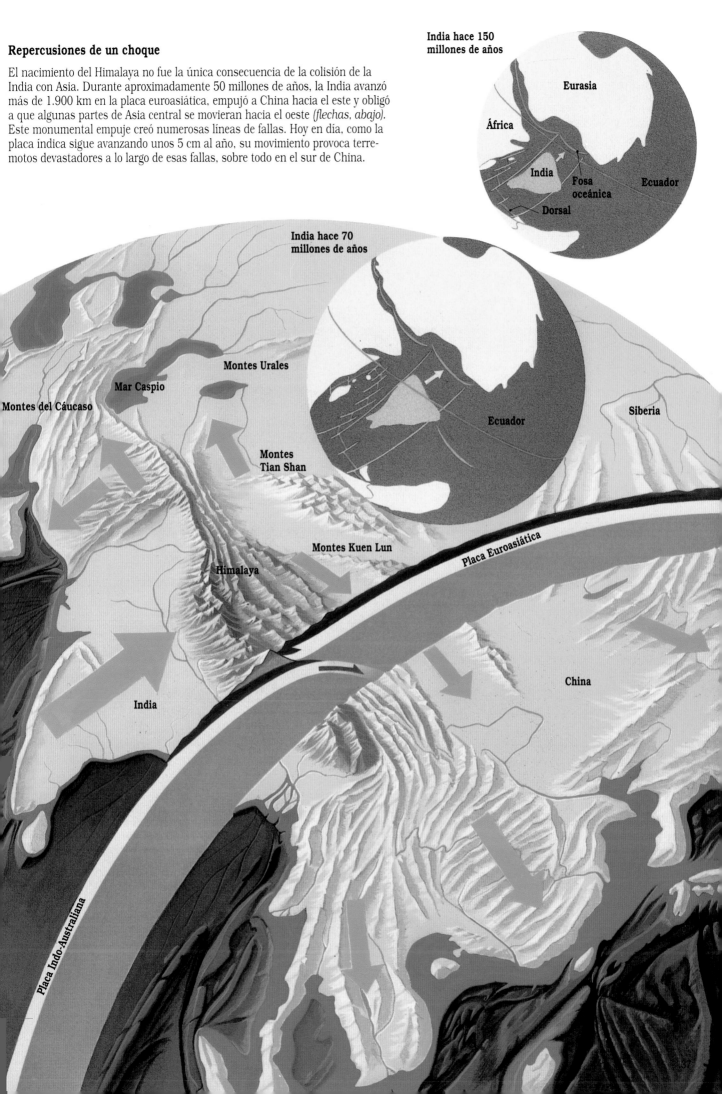

Repercusiones de un choque

El nacimiento del Himalaya no fue la única consecuencia de la colisión de la India con Asia. Durante aproximadamente 50 millones de años, la India avanzó más de 1.900 km en la placa euroasiática, empujó a China hacia el este y obligó a que algunas partes de Asia central se movieran hacia el oeste *(flechas, abajo)*. Este monumental empuje creó numerosas líneas de fallas. Hoy en día, como la placa índica sigue avanzando unos 5 cm al año, su movimiento provoca terremotos devastadores a lo largo de esas fallas, sobre todo en el sur de China.

India hace 150 millones de años

Eurasia

África

India

Fosa oceánica

Ecuador

Dorsal

India hace 70 millones de años

Montes Urales

Mar Caspio

Montes del Cáucaso

Ecuador

Siberia

Montes Tian Shan

Montes Kuen Lun

Himalaya

Placa Euroasiática

India

China

Placa Indo-Australiana

¿Cómo se formaron los Andes?

Cuando la placa de Nazca se empezó a sumergir bajo América del Sur en la fosa que se extiende a lo largo del borde occidental del continente, no se fundió poco a poco en la astenosfera. En lugar de eso, la placa hundida formó una cadena de montañas llena de pliegues y fallas estrujando el borde del continente. Después, cuando el borde anterior de la placa alcanzó el manto sobrecalentado y empezó a fundirse, el magma salió a borbotones a través de la corteza continental e hizo erupción en forma de numerosos volcanes. Parte del magma menos denso permaneció en un enorme depósito dentro de la corteza; cuando esta roca fundida ascendió y se fue solidificando poco a poco, levantó y deformó la roca que se encontraba encima. Todas estas fuerzas conjuntas crearon la cordillera montañosa de los Andes.

Hace 200 millones de años

América del Sur todavía formaba parte de Pangea, la masa continental en la que antaño estaban fusionados todos los continentes.

Hace 140 millones de años

América del Sur y África se habían separado. La placa suramericana empezó a moverse en dirección al oeste. A medida que el continente se deslizaba por la placa de Nazca, su borde occidental se plegó y formó una cordillera. Los volcanes, alimentados por el magma procedente de la placa hundida, se formaron a poca distancia de la costa.

Hace 65 millones de años

La placa de Nazca seguía hundiéndose; los volcanes resultantes habían añadido materia a la corteza continental. Bajo la superficie, una gran bolsa de magma se había solidificado y formado los cimientos rocosos de los Andes, arqueando la corteza hacia arriba.

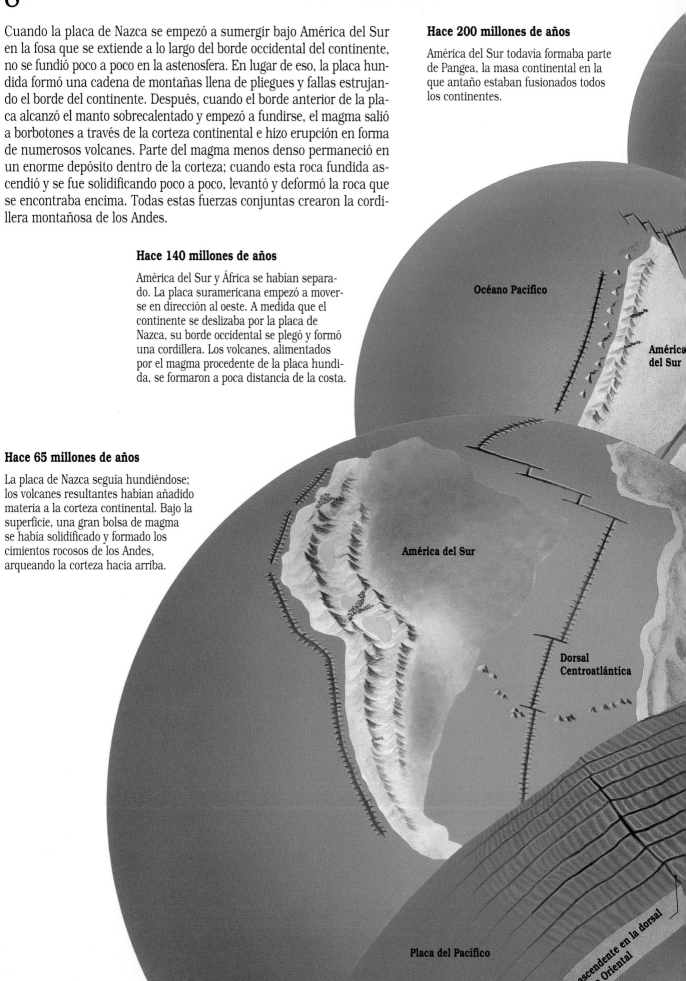

Océano Pacífico

América del Sur

América del Sur

Dorsal Centroatlántica

Placa del Pacífico

Magma ascendente en la dorsal del Pacífico Oriental

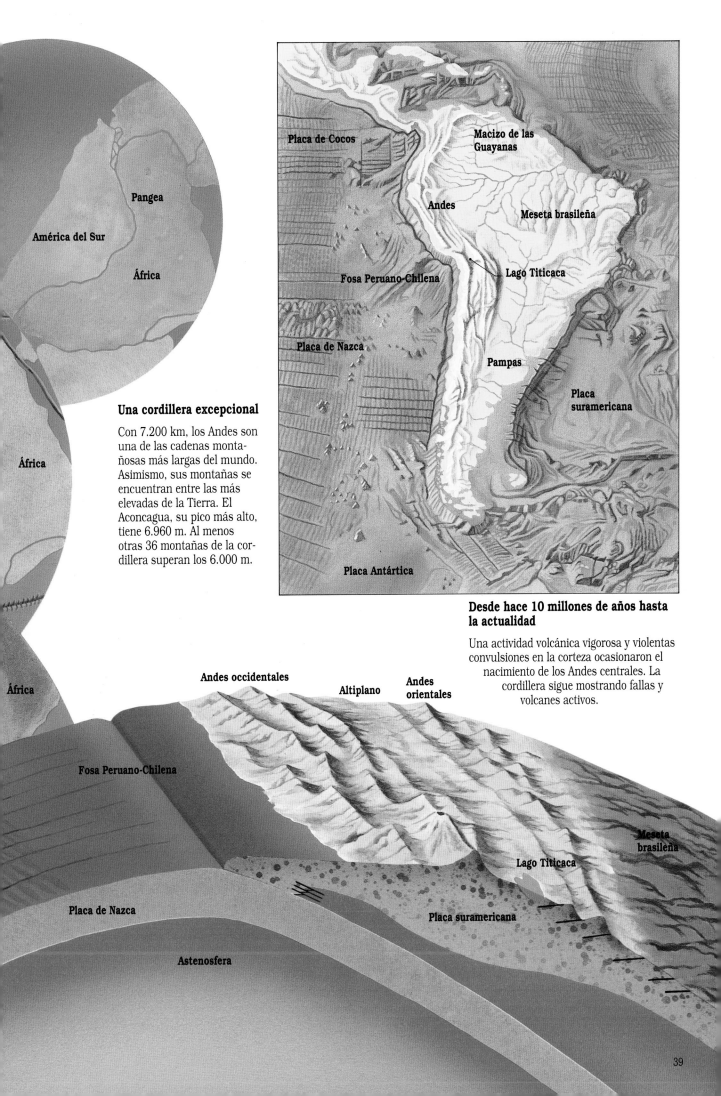

Pangea

América del Sur

África

África

África

Placa de Cocos

Macizo de las Guayanas

Andes

Meseta brasileña

Fosa Peruano-Chilena

Lago Titicaca

Placa de Nazca

Pampas

Placa suramericana

Placa Antártica

Una cordillera excepcional

Con 7.200 km, los Andes son una de las cadenas montañosas más largas del mundo. Asimismo, sus montañas se encuentran entre las más elevadas de la Tierra. El Aconcagua, su pico más alto, tiene 6.960 m. Al menos otras 36 montañas de la cordillera superan los 6.000 m.

Desde hace 10 millones de años hasta la actualidad

Una actividad volcánica vigorosa y violentas convulsiones en la corteza ocasionaron el nacimiento de los Andes centrales. La cordillera sigue mostrando fallas y volcanes activos.

Andes occidentales

Altiplano

Andes orientales

Fosa Peruano-Chilena

Meseta brasileña

Lago Titicaca

Placa de Nazca

Placa suramericana

Astenosfera

¿Cómo se formó el Gran Valle del Rift?

Las mismas fuerzas que crearon las dorsales centro-oceánicas de la Tierra formaron también el Gran Valle del Rift de África. Esta impresionante hendidura –en realidad una hilera de valles hundidos y cuencas de lagos que siembran de oquedades el paisaje, a lo largo de 4.000 km, de Etiopía a Mozambique– representa una fase temprana de la ruptura de la placa africana.

Hace aproximadamente 15 millones de años, una erupción de magma procedente del manto infló la corteza de África oriental y produjo un abombamiento. La corteza que bordeaba esta cresta se estiró y después se hundió, o se desmoronó en largas depresiones, y dio forma a la actual zona de fractura. Los volcanes que se extienden a lo largo de la fisura han esculpido monumentos como los montes Kilimanjaro, de 5.895 m de altura, y Kenya, que alcanza los 5.199 m.

Las empinadas laderas del Gran Valle del Rift africano testifican la espectacular acción de la falla que hundió esta franja de corteza a miles de metros por debajo de la meseta etíope.

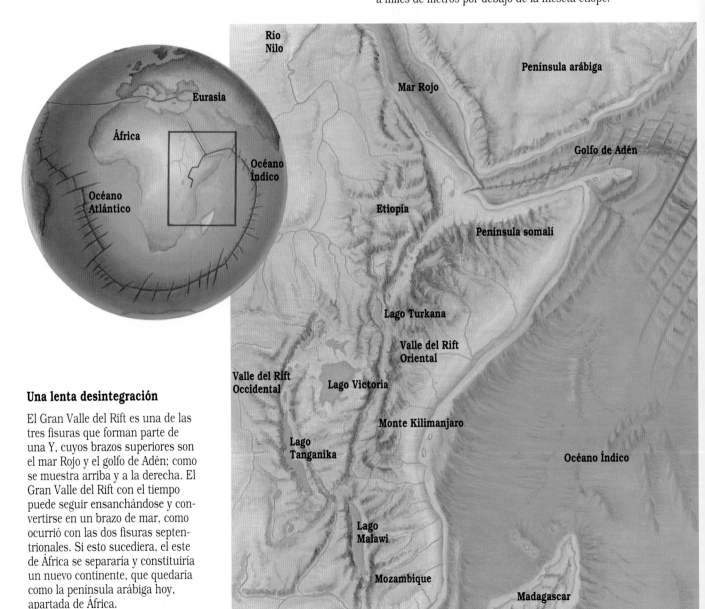

Una lenta desintegración

El Gran Valle del Rift es una de las tres fisuras que forman parte de una Y, cuyos brazos superiores son el mar Rojo y el golfo de Adén; como se muestra arriba y a la derecha. El Gran Valle del Rift con el tiempo puede seguir ensanchándose y convertirse en un brazo de mar, como ocurrió con las dos fisuras septentrionales. Si esto sucediera, el este de África se separaría y constituiría un nuevo continente, que quedaría como la península arábiga hoy, apartada de África.

Evolución de un valle de fractura

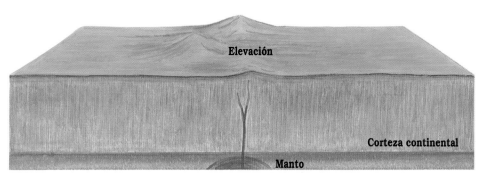

Primera elevación

El magma caliente que produce el manto se eleva a través de la corteza. En consecuencia, la superficie de la tierra se expande y arquea hacia arriba.

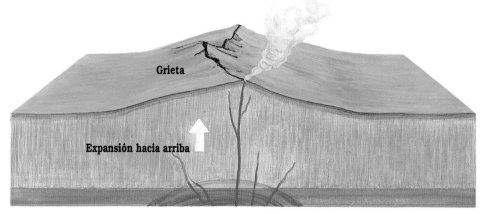

Formación de la bóveda

El magma continúa ascendiendo y empuja la corteza, que adquiere la forma de una bóveda; durante millones de años, la bóveda se estira y se debilita hasta que se rompe.

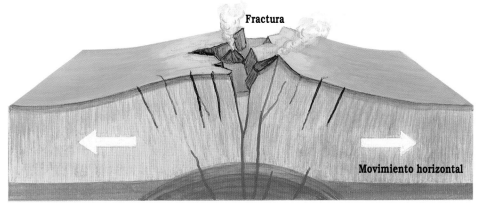

Fractura y separación

Cuando la corteza se divide, las fallas se abren y se empiezan a hundir bloques de la corteza, que dan paso a la erupción de los volcanes. El Gran Valle del Rift ahora mismo se encuentra en esta fase.

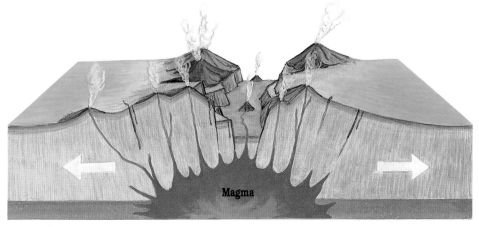

Aumento de la actividad volcánica

Las fisuras se multiplican y proporcionan así numerosas salidas para el magma. La actividad volcánica se intensifica dentro y a lo largo de la fisura. El norte del mar Rojo es un buen ejemplo de esta fase de formación del valle.

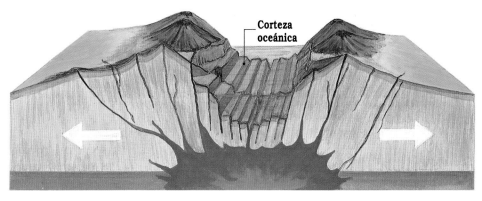

La escisión final

La fisura se va hundiendo a medida que se va ensanchando y permite la invasión del mar. El magma ascendente produce una lengua de corteza oceánica, y comienza la expansión del fondo marino. El sur del mar Rojo y el golfo de Adén se encuentran ahora mismo en esta fase.

¿Qué es la falla de San Andrés?

La falla de San Andrés, que serpentea a lo largo de casi 1.400 km a través de las densamente pobladas regiones costeras de California, en Estados Unidos, es una de las fallas transformantes más importantes del mundo. Señala un límite transformante donde la placa del Pacífico, que lleva un pequeño fragmento de corteza continental, roza con la placa norteamericana. Este movimiento ocasiona frecuentes terremotos.

En este lugar, no siempre ha habido una falla. Antes de que se formara la de San Andrés, en este emplazamiento había una fosa oceánica, que engulló una antigua placa, la placa de Farallón, la cual quedó emparedada entre la placa del Pacífico y la de Norteamérica. El movimiento en dirección al oeste de la placa norteamericana por encima de la placa de Farallón, al final acabó con ésta última en el límite de la fosa. Cuando la placa norteamericana, en su avance hacia occidente, se encontró con la placa del Pacífico, se detuvo la subducción en la fosa. La placa norteamericana se superpuso a la dorsal del Pacífico Oriental y a sus fallas transformantes, y una de esas fallas cortó la placa norteamericana y se convirtió en la falla de San Andrés.

La falla de San Andrés, que divide el terreno en dos, serpentea de norte a sur a través de California. El terreno situado al oeste de la falla está sobre la placa del Pacífico, que se mueve en dirección noroeste unos 5 cm al año. En algunas zonas de la falla, las bordes recortados de las placas se acoplan; las rocas de la corteza se ven sometidas a presión hasta que saltan y ocupan una nueva posición. En este proceso irradian ondas expansivas -terremotos- desde el punto de ruptura.

De fosa a falla

Los esquemas de abajo muestran como el límite convergente, o fosa, que en otro tiempo se encontraba frente a las costas de Estados Unidos pasó a ser una falla transformante.

Hace 40 millones de años

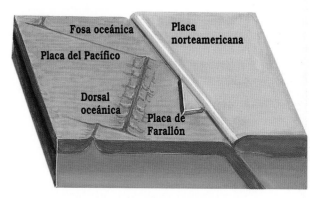

Hace 25 millones de años

Actualidad

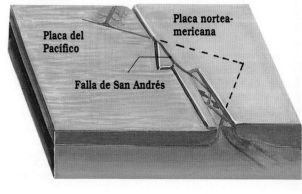

El nacimiento de una falla

Hace unos 40 millones de años, la placa de Farallón estaba siendo subducida, o engullida, por una fosa frente a las costas californianas *(abajo, izquierda)*. Con el paso del tiempo, el extremo septentrional de la dorsal oceánica que separaba las placas de Farallón y del Pacífico alcanzó la fosa. La propia dorsal empezó a ser subducida en la fosa, y ésta se convirtió en una falla transformante.

A medida que la dorsal seguía siendo subducida, la falla se iba extendiendo hacia el sur. Hace 25 millones de años, toda la dorsal había sido engullida y la falla había llegado al golfo de California, que, a su vez, empezó a ensancharse pues la dorsal hundida seguía expandiéndose *(abajo, centro)*. Al contrario de lo que ocurre con la mayoría de las fallas transformantes, que recorren cortas distancias en el océano, la de San Andrés sigue un largo recorrido por tierra. (Por eso se la denomina también falla de desgarre). Sin embargo, al igual que otras fallas transformantes, la falla de San Andrés conecta segmentos de dos dorsales centro-oceánicas: la Dorsal del Pacífico Oriental y la Dorsal de Gorda *(abajo, derecha)*.

Hace 40 millones de años

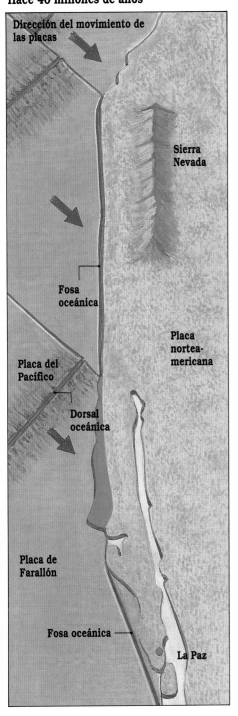

Hace 25 millones de años

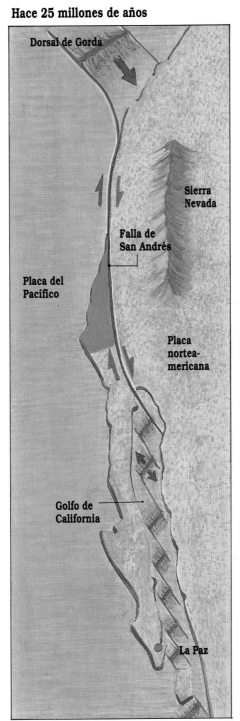

Actualidad

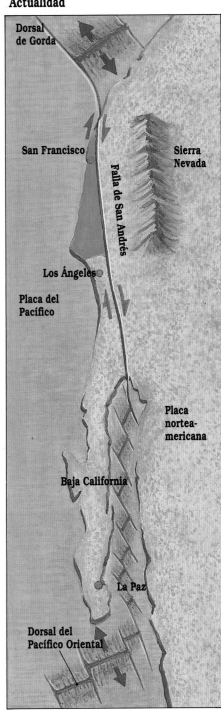

43

¿Cómo nació Hawai?

Islas jóvenes y viejas

Las islas Hawai y la cadena submarina del Emperador forman una larga cadena de 6.000 km, cuya antigüedad va aumentando de un extremo a otro. El miembro más joven, la isla de Hawai, tiene menos de un millón de años. El más antiguo –una isla submarina, o guyot, cercana a la fosa de las Aleutianas– se formó hace 70 millones de años.

Fosa de las Aleutianas

Guyot Suiko (60 millones de años)

Guyot Ojin (50 millones de años)

Montes del Emperador

Guyot Kammu (40 millones de años)

Midway (16 millones de años)

Laysan

Necker (10 millones de años)

La actividad volcánica terrestre no tiene lugar siempre en los márgenes de las placas. De vez en cuando, una estrecha columna de magma atraviesa la corteza como una antorcha y crea centros volcánicos como las islas Hawai, que se asientan cerca del centro de la placa del Pacífico. El chorro de magma permanece estacionario en el mismo sitio, llamado "punto caliente", mientras la placa se va desplazando por encima.

El progresivo desplazamiento de la placa sobre el punto caliente va formando una cadena de volcanes; algunos se elevan lo suficiente como para sobresalir del mar y formar islas. Así se formaron la cadena hawaiana y la cadena submarina de los Montes del Emperador, una hilera de picos volcánicos sumergidos que se extiende hacia el norte desde el extremo occidental de la cadena hawaiana. En la actualidad, sólo la isla de Hawai, situada justo encima del punto caliente, alberga volcanes activos.

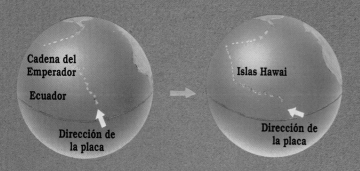

Cadena del Emperador

Ecuador

Dirección de la placa

Islas Hawai

Dirección de la placa

Desvío forzoso en el mar

La cadena submarina del Emperador está dispuesta en línea recta en dirección norte, y refleja así el movimiento hacia el norte de la placa del Pacífico en vieja época en que se formó *(mapa de la izquierda)*.

Hace 40 millones de años, aproximadamente, la placa viró y tomó el rumbo actual hacia el noroeste, por eso las islas Hawai se formaron siguiendo una nueva trayectoria *(mapa de la derecha)*.

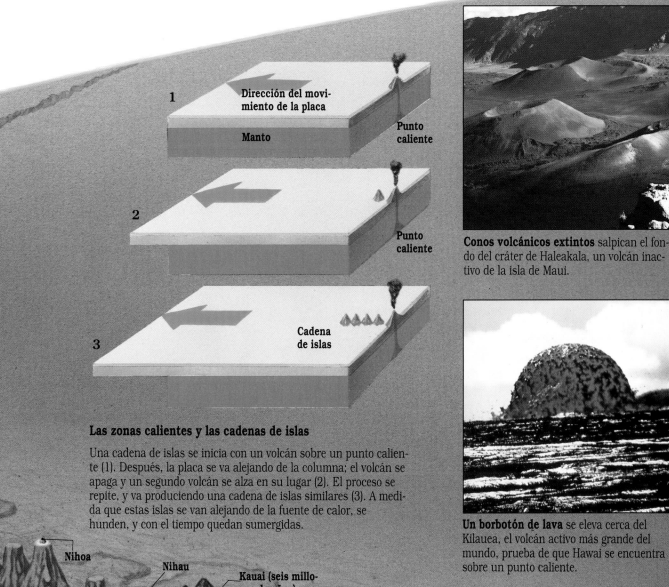

1 Dirección del movimiento de la placa

Manto

Punto caliente

2 Punto caliente

3 Cadena de islas

Conos volcánicos extintos salpican el fondo del cráter de Haleakala, un volcán inactivo de la isla de Maui.

Las zonas calientes y las cadenas de islas

Una cadena de islas se inicia con un volcán sobre un punto caliente (1). Después, la placa se va alejando de la columna; el volcán se apaga y un segundo volcán se alza en su lugar (2). El proceso se repite, y va produciendo una cadena de islas similares (3). A medida que estas islas se van alejando de la fuente de calor, se hunden, y con el tiempo quedan sumergidas.

Un borbotón de lava se eleva cerca del Kilauea, el volcán activo más grande del mundo, prueba de que Hawai se encuentra sobre un punto caliente.

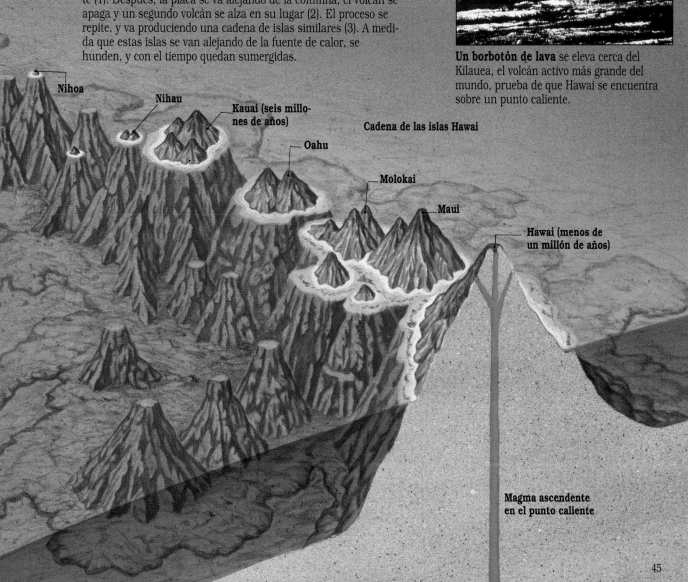

Nihoa

Nihau

Kauai (seis millones de años)

Oahu

Molokai

Maui

Cadena de las islas Hawai

Hawai (menos de un millón de años)

Magma ascendente en el punto caliente

3
Terremotos: el interior inquieto

Hay pocos fenómenos naturales que siembren la destrucción de forma tan masiva como los terremotos. Muchos temblores, que normalmente ocurren sin previo aviso, generan violentas vibraciones que no sólo sacuden la tierra, sino que a veces también la agrietan y la cuartean. Los resultados pueden llegar a ser devastadores. El seísmo que sacudió la ciudad de Tangshan, al norte de China, en julio de 1976, se cobró 242.000 vidas, y se convirtió así en el temblor más mortífero de los últimos dos siglos.

Terremotos grandes y pequeños sacuden el planeta desde hace miles de millones de años, pero sus causas siguieron siendo un misterio hasta 1960. Durante esa década, los sismólogos localizaron miles de epicentros sísmicos y descubrieron que se agrupan en regiones bien definidas. Estas regiones marcan los límites donde las placas litosféricas del planeta se mueven con relación a las demás. Este movimiento lento, aunque constante, somete los bordes de las placas a un tensión tremenda, que se va acumulando en las rocas de la litosfera durante décadas o siglos hasta que de repente se libera en forma de sacudidas, u ondas sísmicas, que provocan un terremoto.

En los años 1930, se estableció la escala de Richter para comparar la intensidad de los terremotos en todo el mundo; la escala mide la amplitud del movimiento del suelo, no el daño que causa. Cuando se produce un terremoto, la potencia de las ondas sísmicas se registra y después se expresa en números decimales. La escala empieza en el cero y en teoría no existe límite máximo, pero los terremotos más fuertes registrados hasta la fecha han sido del orden de 8,8 y 8,9 en la escala de Richter. El terremoto de Tangshan midió 8,3.

Miembros de equipos de rescate en Ciudad de México buscan entre los escombros de los edificios destruidos por un terremoto el 19 de septiembre de 1985. El cataclismo, que arrasó más de 400 edificios, causó la muerte a unas 7.000 personas.

¿Por qué se producen los terremotos?

La capa externa de la Tierra está compuesta por enormes placas de rocas que avanzan lentamente por el globo a una velocidad de hasta 10 cm al año. Algunas de estas placas –conocidas con el nombre de placas tectónicas– transportan los continentes, otras los fondos oceánicos, y otras las dos cosas.

La mayor parte de los terremotos tiene lugar en el límite entre dos placas. Las placas, impulsadas por corrientes térmicas de la astenosfera –es decir, la roca subyacente más blanda–, se separan, chocan o rozan unas con otras constantemente. Cuando la presión producida por esos movimientos supera un nivel determinado, la energía contenida rompe las rocas y crea una grieta denominada falla. Este repentino desprendimiento de energía también desata las vibraciones que sacuden la tierra y dan lugar a los terremotos.

Tambaleándose al borde de la destrucción total, sólo queda la mitad de esta casa después de que, debido a un terremoto, se hundiera el suelo que la sustentaba.

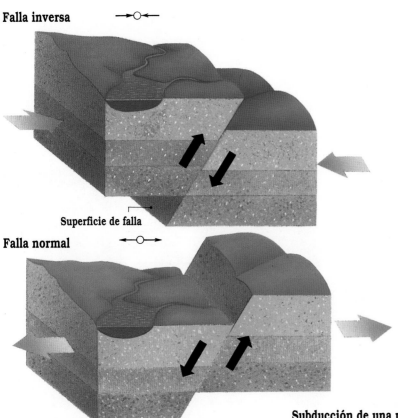

Falla inversa

Superficie de falla

Falla normal

Falla transformante

Temblores de todo tipo

Los movimientos de las placas producen tres tipos diferentes de fallas. En el punto en que chocan dos placas *(izquierda, dibujo superior)*, una parte de la fisura monta sobre la otra: estamos ante una falla inversa. En el punto en que dos placas se separan *(izquierda, dibujo central)*, una masa de roca desciende por el plano de la falla. Las fallas de este tipo se denominan fallas normales. En el punto en que dos placas se deslizan lateralmente *(izquierda, dibujo inferior)*, la falla se llama transformante.

Subducción de una placa

Cuando una placa portadora de corteza oceánica topa con otra placa oceánica o contra una placa continental *(derecha)*, una de las dos placas monta sobre la otra, y la dobla abruptamente hacia abajo en un proceso que se conoce con el nombre de subducción. La placa subducida, al ser sometida a una gran presión, se incrusta en la astenosfera, forma una fosa en la superficie y genera terremotos con cada sacudida que provoca en su descenso. Las zonas de subducción se encuentran por lo general cerca de líneas costeras continentales o de cadenas arqueadas de islas. Los terremotos que asuelan la costa suramericana del Pacífico, por ejemplo, tienen su origen en la fosa peruano-chilena, donde la placa suramericana empuja a la placa de Nazca en dirección al manto.

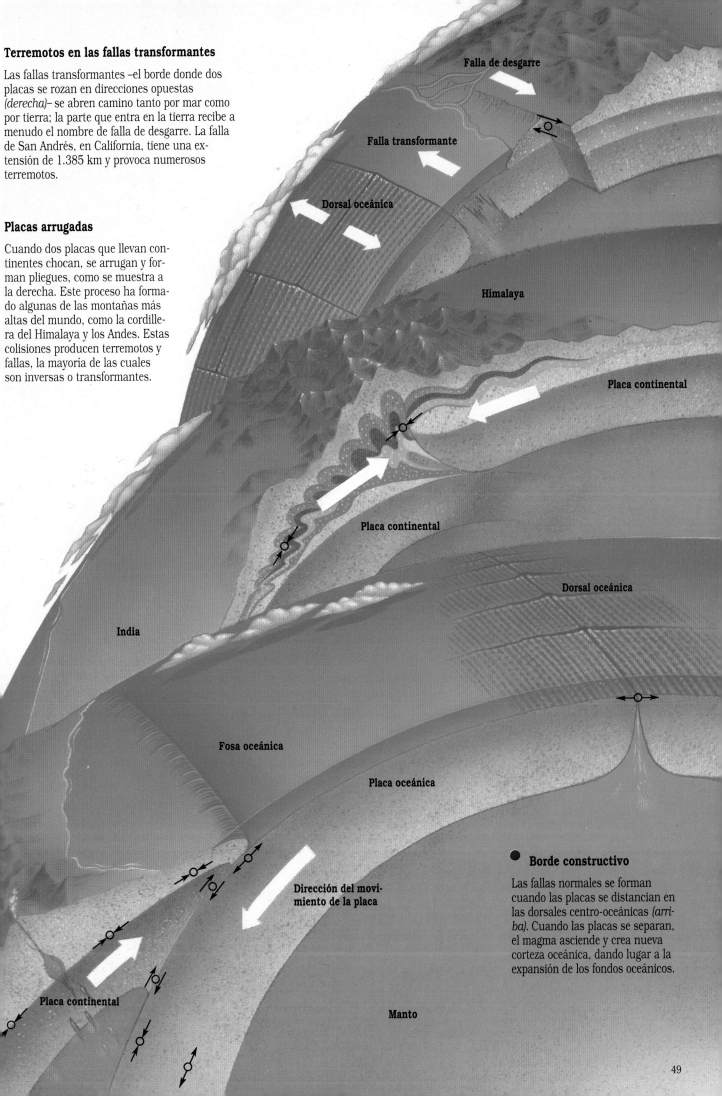

Terremotos en las fallas transformantes

Las fallas transformantes –el borde donde dos placas se rozan en direcciones opuestas *(derecha)*– se abren camino tanto por mar como por tierra; la parte que entra en la tierra recibe a menudo el nombre de falla de desgarre. La falla de San Andrés, en California, tiene una extensión de 1.385 km y provoca numerosos terremotos.

Placas arrugadas

Cuando dos placas que llevan continentes chocan, se arrugan y forman pliegues, como se muestra a la derecha. Este proceso ha formado algunas de las montañas más altas del mundo, como la cordillera del Himalaya y los Andes. Estas colisiones producen terremotos y fallas, la mayoría de las cuales son inversas o transformantes.

Falla de desgarre

Falla transformante

Dorsal oceánica

Himalaya

Placa continental

Placa continental

Dorsal oceánica

India

Fosa oceánica

Placa oceánica

Dirección del movimiento de la placa

● Borde constructivo

Las fallas normales se forman cuando las placas se distancian en las dorsales centro-oceánicas *(arriba)*. Cuando las placas se separan, el magma asciende y crea nueva corteza oceánica, dando lugar a la expansión de los fondos oceánicos.

Placa continental

Manto

¿Cómo viajan las ondas sísmicas?

Cuando un terremoto sacude la roca que bordea una falla, el choque se trasmite por vibraciones llamadas ondas sísmicas; estas ondas viajan hacia el exterior en todas direcciones desde el foco del temblor, el punto de origen subterráneo. Como las ondulaciones que se forman cuando tiramos una piedra a un estanque, las ondas se expanden de forma concéntrica. Algunas viajan atravesando el interior de la Tierra, mientras otras se mueven por la superficie.

Utilizando instrumentos denominados sismógrafos, los geólogos han identificado tres tipos básicos de ondas sísmicas. Las primeras vibraciones que llegan a un sismógrafo son las ondas longitudinales, llamadas ondas primarias, u ondas P. Al igual que las ondas sonoras viajan por el aire, las ondas P se mueven a través de las rocas, comprimiendo y expandiendo elásticamente la propia roca. Las siguientes ondas en llegar son las secundarias, u ondas S, también conocidas con el nombre de ondas transversales. Las ondas S se mueven por la roca siguiendo movimientos ascendentes y descendentes. Cuando las ondas P y S llegan a la superficie, algunas se transforman en un tercer tipo de onda sísmica, las ondas superficiales.

Si bien las ondas P pasan fácilmente a través de cuerpos sólidos y líquidos, las ondas S sólo se pueden transmitir a través de sólidos. En general, cuanto más dura y densa sea la roca, con mayor rapidez viajarán a través de ella los dos tipos de ondas. A las ondas P les cuesta unos 19 minutos atravesar la Tierra de uno a otro lado. Las ondas S se detienen en el límite del núcleo externo líquido de la Tierra, donde es probable que su energía se convierta en calor. Las ondas superficiales son las más lentas y dañinas de todas; pueden dar la vuelta al mundo varias veces antes de amortiguarse.

Ondas en movimiento

Las ondas sísmicas irradian en tres dimensiones desde el foco del terremoto. Las ondas que llegan a la superficie se expanden en círculos concéntricos a partir del epicentro, el punto de la superficie que se encuentra justo encima del foco.

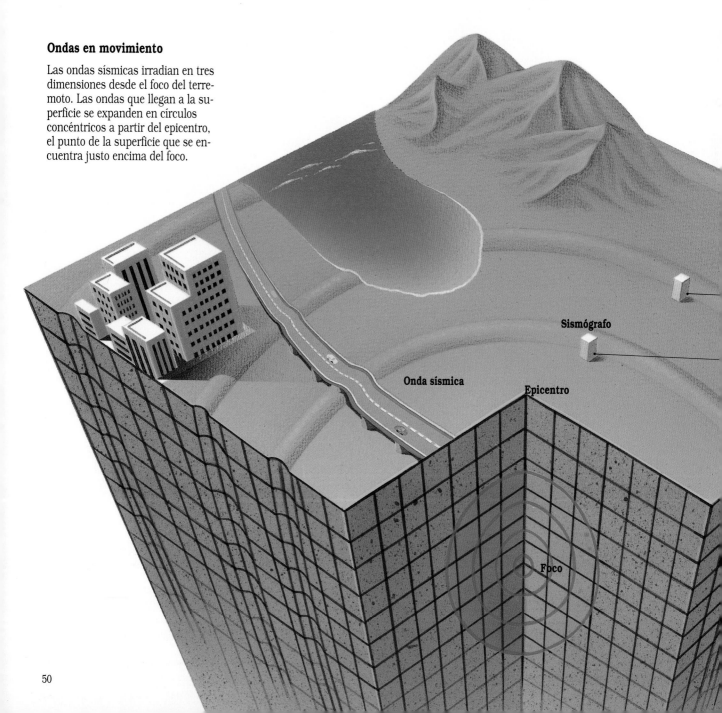

Sismógrafo

Onda sísmica

Epicentro

Foco

Cuatro tipos de ondas

Las ondas P y S atraviesan el interior del planeta, mientras que los otros dos tipos se desplazan únicamente por la superficie. Las ondas P son las más rápidas; se mueven a 6 km/seg. comprimiendo y distendiendo alternativamente la materia que atraviesan. Las ondas S son sólo la mitad de veloces; su movimiento a través de la tierra se asemeja al restallar de un látigo. Las ondas superficiales, de las que existen dos variedades, sólo afectan al exterior de la Tierra. Las ondas Love se mueven en vaivén en sentido horizontal como si fueran serpientes sísmicas. Las ondas Rayleigh oscilan de arriba a abajo como un fuerte oleaje.

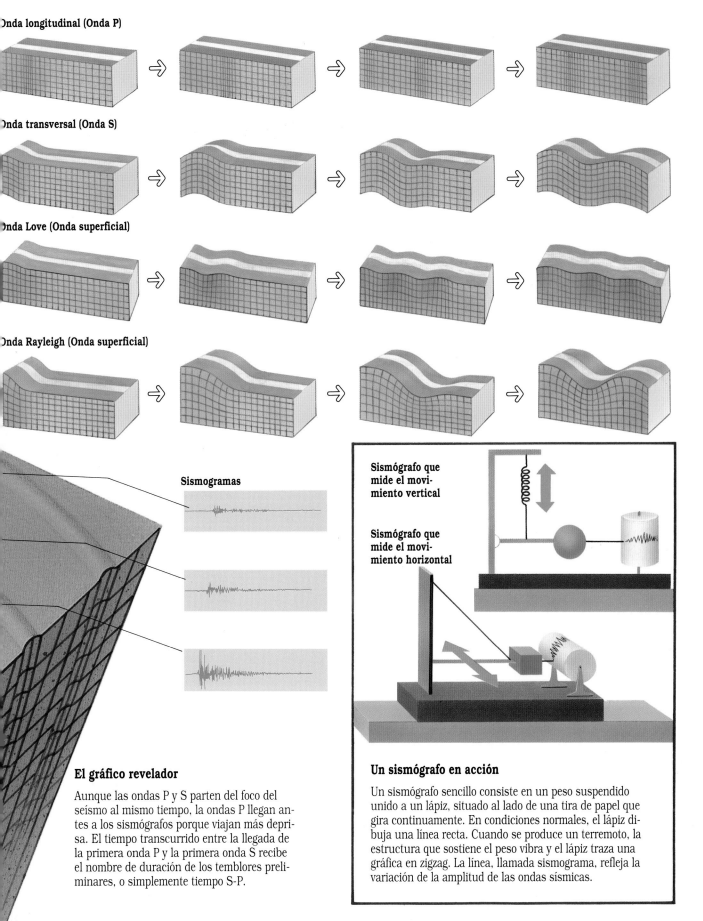

Onda longitudinal (Onda P)

Onda transversal (Onda S)

Onda Love (Onda superficial)

Onda Rayleigh (Onda superficial)

Sismogramas

Sismógrafo que mide el movimiento vertical

Sismógrafo que mide el movimiento horizontal

El gráfico revelador

Aunque las ondas P y S parten del foco del seísmo al mismo tiempo, la ondas P llegan antes a los sismógrafos porque viajan más deprisa. El tiempo transcurrido entre la llegada de la primera onda P y la primera onda S recibe el nombre de duración de los temblores preliminares, o simplemente tiempo S-P.

Un sismógrafo en acción

Un sismógrafo sencillo consiste en un peso suspendido unido a un lápiz, situado al lado de una tira de papel que gira continuamente. En condiciones normales, el lápiz dibuja una línea recta. Cuando se produce un terremoto, la estructura que sostiene el peso vibra y el lápiz traza una gráfica en zigzag. La línea, llamada sismograma, refleja la variación de la amplitud de las ondas sísmicas.

¿Cómo se localiza el foco?

Para los científicos que tratan de hallar la localización del foco de un terremoto, el tiempo que transcurre entre la llegada de las ondas P y las ondas S *(páginas 50-51)* es una prueba clave. Este intervalo, conocido como tiempo S-P, lo calculan los sismógrafos de los observatorios sísmicos. El tiempo S-P puede ser de unos pocos segundos o de unos cuantos minutos, pero siempre muestra la distancia del observatorio al epicentro, el punto en la superficie terrestre que se encuentra directamente encima del foco.

Sin embargo, conocer la distancia al epicentro es muy diferente a saber el verdadero origen del terremoto. Para centrarse en este punto, los sismólogos calculan la distancia del epicentro desde al menos tres observatorios. A continuación se traza un círculo alrededor de cada observatorio, cuyo radio es igual a la distancia del observatorio al epicentro. El epicentro se encuentra en la zona en que los tres círculos se solapan.

Aunque los ordenadores de hoy en día ayudan a los sismólogos a localizar el epicentro y a calcular la profundidad exacta del foco, su posición también se puede calcular a mano.

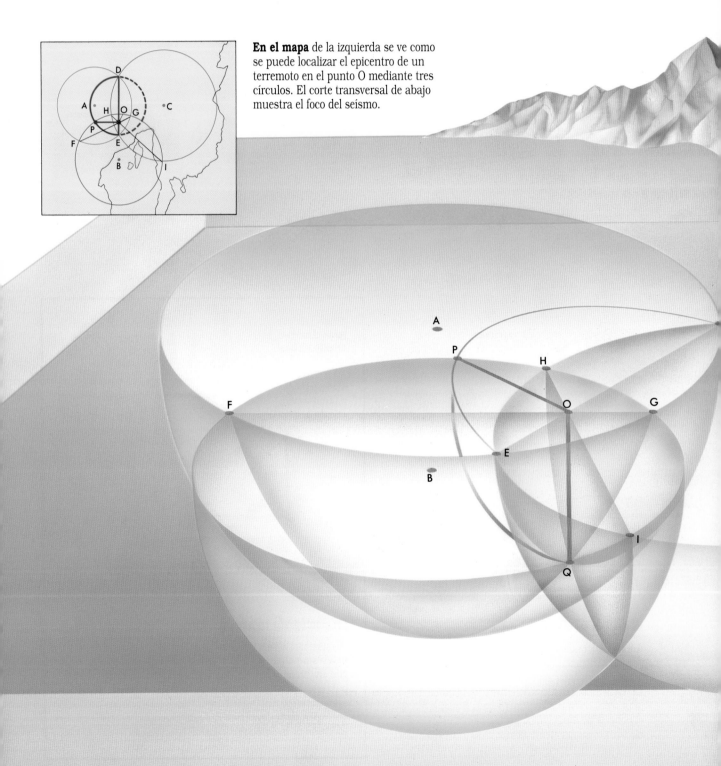

En el mapa de la izquierda se ve como se puede localizar el epicentro de un terremoto en el punto O mediante tres círculos. El corte transversal de abajo muestra el foco del seismo.

Una fórmula para hallar el foco

La fórmula de Omori es una manera fiable de encontrar el foco de un terremoto. La fórmula es la siguiente: $R = Kt$; donde R es la distancia del sismógrafo al epicentro, K es una constante de 6,7 km/seg., y t es el tiempo S-P.

En primer lugar, se pone en la ecuación el tiempo S-P registrado en el punto A *(abajo, izquierda).* En segundo lugar, la distancia se reduce a escala cartográfica y se utiliza como radio para trazar un círculo en torno al punto A. En tercer lugar, se trazan círculos similares alrededor de los puntos B y C. En cuarto lugar, se trazan las líneas llamadas cuerdas comunes, que unen las intersecciones de los círculos; las líneas se cruzan en el punto O, el epicentro.

Para hallar el foco, se traza un semicírculo con un diámetro igual a una cuerda común, por ejemplo DE. Después se traza una línea perpendicular desde el punto O al semicírculo, al cual corta en el punto P. La distancia de este segmento OP muestra la profundidad del foco.

Intervalos entre las ondas P y S

Tal y como se muestra abajo, la demora temporal entre la llegada de las ondas P y las ondas S aumenta con la distancia desde el foco. De este modo, el tiempo S-P es directamente proporcional a la distancia entre el foco y el observatorio.

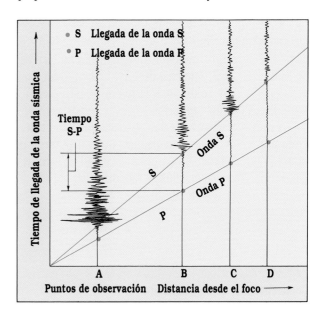

El uso de isócronas

El momento en el que una onda sísmica alcanza un punto determinado en la superficie de la Tierra se conoce como tiempo de llegada. Cuando se unen varios puntos con el mismo tiempo de llegada mediante unas líneas llamadas isócronas *(mapas abajo),* aparecen una serie de círculos concéntricos. En el centro de esos círculos está el epicentro. Cuanto mayor sea la distancia entre las isócronas, más profundo será el foco.

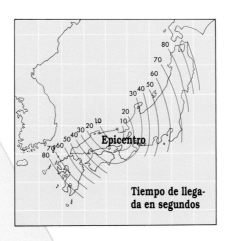

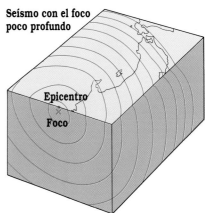

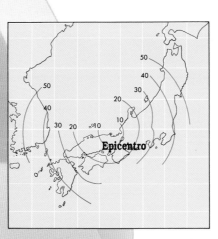

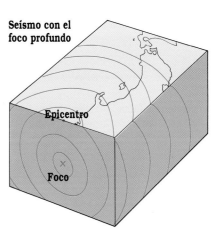

¿Qué ocurre durante un terremoto?

El efecto más inmediato de un terremoto es que las ondas sísmicas sacuden la tierra. En un temblor pequeño, la agitación sólo dura unos segundos y apenas se puede detectar; en un temblor de mayor envergadura, la tierra puede vibrar durante varios minutos. Durante el terremoto de Kanto de 1923, que casi destruyó las ciudades japonesas de Tokio y Yokohama, la tierra se estremeció durante cerca de cinco minutos.

La mayor parte de los daños causados por un terremoto provienen de las convulsiones de la superficie, pero también puede tener una amplia variedad de efectos secundarios. Algunos de ellos se muestran abajo.

El cabo de Nojima *(arriba)*, en la punta de la península de Chiba, en Japón, se formó durante el terremoto de Kanto de 1923, que unió la isla de Kojima con tierra firme.

Consecuencias de un terremoto

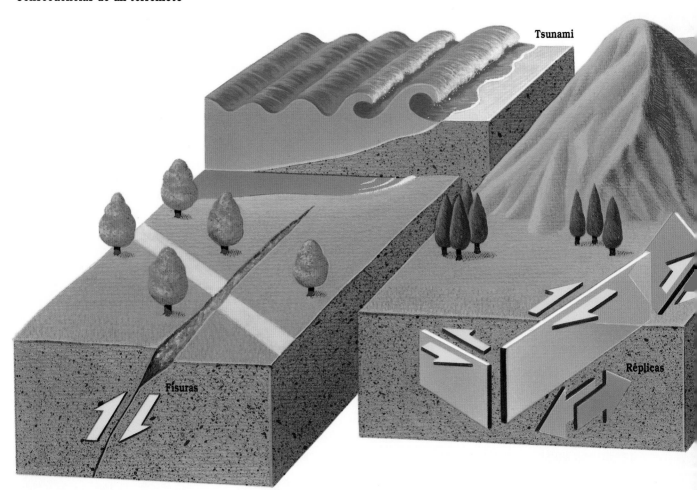

Tsunami

Fisuras

Réplicas

Formación de fallas. Un terremoto con el foco poco profundo suele abrir fisuras en la tierra *(arriba)*, destrozando carreteras y otros elementos de la superficie.

Inundaciones. Un temblor que se produce bajo el agua puede desencadenar un maremoto, una enorme ola *(tsunami)* que recorre el océano a una velocidad de hasta 1.000 km/h. Cuando llega a tierra, donde causa estragos, el maremoto puede llegar a alcanzar 15 metros o más de alto.

Ecos. Un temblor de importancia, por lo general, va seguido de muchos temblores pequeños denominados réplicas *(arriba)*. Las réplicas, producto de la liberación de la energía que pueda quedar en las rocas, tienen lugar en partes de la falla donde se produjo el primer temblor.

Cambio de escenario

Los terremotos pueden alterar radicalmente la topografía de una región. El terremoto de septiembre de 1923, el peor de la historia de Japón, provocó convulsiones, hundimientos y deslizamientos laterales en la región de Kanto. El suelo de la Bahía de Tokio se elevó 3 m, y la Península de Izu se desplazó 4 m al oeste.

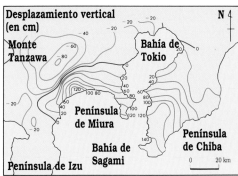

Los mapas superiores muestran los desplazamientos laterales y verticales que se produjeron a raíz del terremoto de Kanto, en 1923. La línea AB en el mapa superior representa el canal de Sagami, que está conectado a una falla en la tierra, y se cree que provocó el cataclismo. El mapa inferior muestra que el temblor propulsó las puntas de las penínsulas de Miura y Chiba a más de un metro de altitud, mientras el monte Tanzawa se hundió 80 cm.

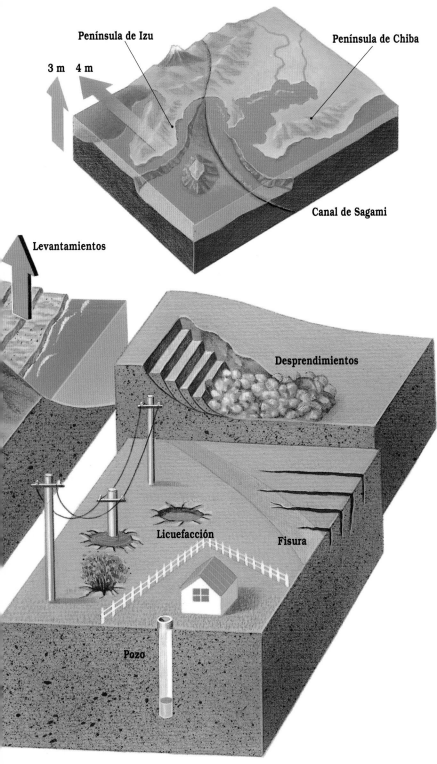

La fisura de la foto se abrió en una autopista de California à causa del terremoto de Loma Prieta, en 1989. Las grietas y desprendimientos de tierras ocurren normalmente en terrenos que contienen grandes cantidades de arcilla, arena o limo, materiales poco consistentes.

Fluctuaciones. Durante un terremoto, los niveles de agua y el caudal de los pozos pueden aumentar o disminuir; la temperatura del agua también puede cambiar. Tal vez estas variaciones ayuden algún día a predecir los terremotos.

Licuefacción. Las vibraciones de un terremoto pueden licuar los terrenos arenosos de forma instantánea, confiriéndoles la consistencia de arenas movedizas. La licuefacción provoca hundimientos y corrimientos de tierras.

¿Se pueden predecir los terremotos?

A través del estudio de las regiones del mundo con alto riesgo de terremotos, los científicos han identificado una serie de fenómenos que preceden a una sacudida importante. Entre estos indicios se encuentran un mayor número de pequeños terremotos y movimientos en la corteza terrestre, así como una hinchazón o inclinación de la tierra y fluctuaciones en las propiedades magnéticas de las rocas. Asimismo, pueden presagiar un temblor los cambios en las mareas y en los niveles de las aguas subterráneas. Incluso, a veces, antes de un terremoto se han observado variaciones en el comportamiento animal.

Los investigadores pueden evaluar algunas de estas señales de advertencia utilizando instrumentos como los que se muestran en el dibujo inferior. En algunos casos, los datos obtenidos se han utilizado para predecir un terremoto. Por desgracia, los indicadores también pueden ser engañosos: no sólo difieren de un temblor a otro, sino que algunos terremotos se producen de forma inesperada. Aún no se ha descubierto un método fiable para determinar cuando y dónde se va a desencadenar un terremoto, y cuál será su magnitud.

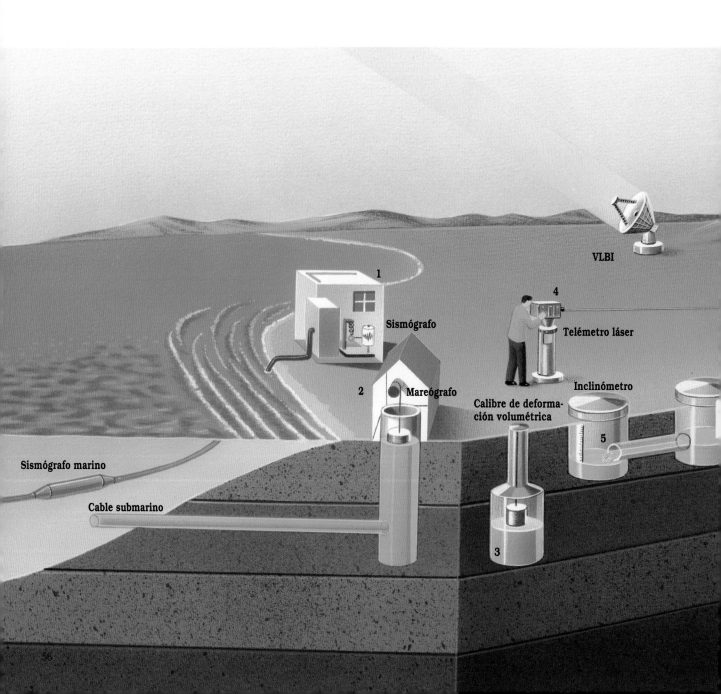

VLBI

1 Sismógrafo

4 Telémetro láser

2 Mareógrafo

Inclinómetro

Calibre de deformación volumétrica

5

Sismógrafo marino

Cable submarino

3

Instrumentos para predecir un terremoto

1. Los sismógrafos detectan los temblores de inmediato. En el fondo del mar se protegen dentro de fundas resistentes a la presión y se conectan a cables submarinos.

2. El mareógrafo se basa en un flotador. Si el nivel de la marea desciende quiere decir que la corteza terrestre ha sufrido un levantamiento, si se eleva indica una subsidencia.

3. En un calibre de deformación volumétrica, enterrado en el lecho de una roca, el cambio en el nivel del líquido refleja la contracción y expansión de la corteza terrestre.

4. Un telémetro láser mide la distancia entre dos puntos situados en los lados opuestos de una falla. Si la falla se mueve, la distancia cambia.

5. El inclinómetro se compone de dos recipientes de agua unidos por un tubo. Los cambios que se producen en el nivel del agua indican una inclinación en la corteza.

6. El medidor de desplazamiento de fallas mide el movimiento lento y constante de una falla. Entre dos postes situados a través de una falla se coloca bien tirante un alambre muy sensible. De un extremo del alambre cuelga un peso libre, que se eleva o desciende cuando la falla se mueve.

7. Un contador Geiger mide el radón disuelto en el agua subterránea. El nivel de radón aumenta antes de un terremoto.

8. En este extensómetro, un tubo de cuarzo sujeto por un extremo se mueve libremente contra un poste situado al otro extremo. Cuando, debido a un temblor, el lecho rocoso se expande o contrae, la distancia entre los postes cambia y queda registrada en el movimiento del extremo libre del tubo.

9. Los interferómetros de línea de base muy larga (VLBI) reciben las ondas de radio procedentes de cuasares del espacio interestelar. La variación en el tiempo de llegada de las ondas a diferentes observatorios muestran los movimientos de la corteza.

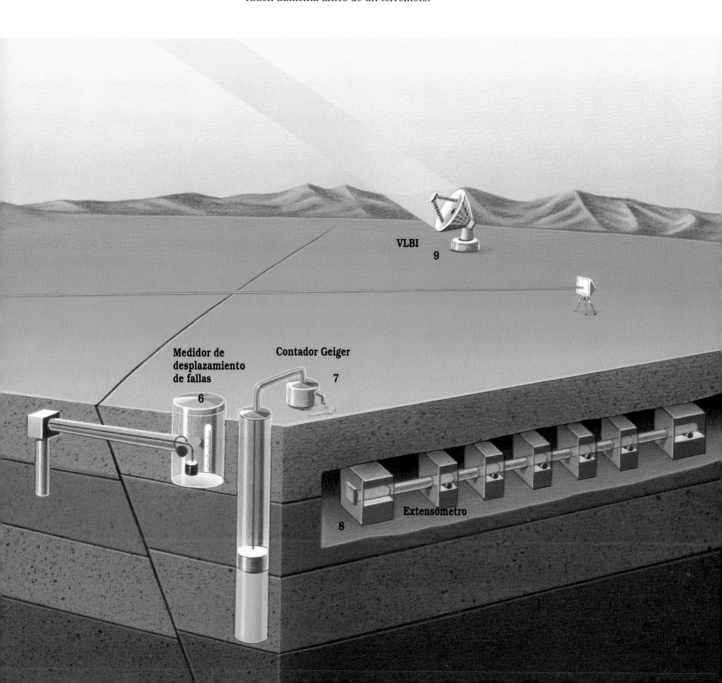

VLBI
9

Medidor de desplazamiento de fallas
6

Contador Geiger
7

Extensómetro
8

¿Qué es un maremoto?

Cuando un terremoto submarino sacude el fondo del océano, el repentino transtorno que sufre el fondo marino y el consiguiente desplazamiento de agua pueden producir enormes olas destructivas que en conjunto reciben el nombre de maremoto o *tsunami* (en japonés significa "ola portuaria"). Los maremotos se desplazan a cientos de kilómetros por hora en alta mar, donde las crestas pueden estar a 150 km de distancia y su altura alcanza tan sólo un metro. Sin embargo, cuando llegan a zonas menos profundas, cerca de la costa, aminoran la velocidad y la altura de las olas aumenta; al final, la imponente masa de agua se desploma sobre la costa. En ensenadas o bahías estrechas, que canalizan y concentran la energía de las olas, se sabe de tsunamis que han alcanzado una altura de 30 metros antes de romper.

El rastro de un maremoto

1. Cuando el fondo marino se mueve por una falla, desplaza una gran cantidad de agua marina. Este desplazamiento genera el movimiento ondulatorio que se convierte en maremoto.

2. En un maremoto recién formado, la longitud de las olas es larguísima. Su altura es tan baja, que un barco no notaría su paso por debajo.

3. A medida que el tsunami se va acercando a tierra, el fondo marino, cada vez menos profundo, empieza a actuar como freno en la parte inferior de la ola.

4. Frente a la costa, la parte inferior de la ola reduce la velocidad, pero la cresta se eleva cada vez más hasta que se precipita en tierra firme. Cuanto más rápidamente disminuya la profundidad, mayor será la fuerza del maremoto.

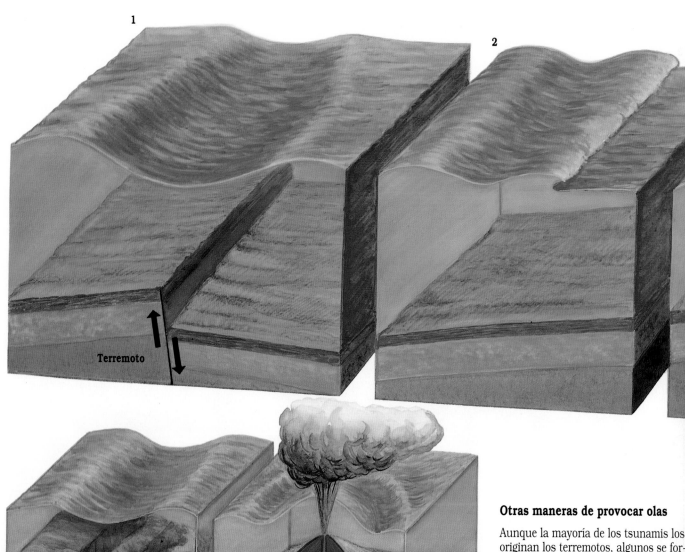

1

2

Terremoto

Otras maneras de provocar olas

Aunque la mayoría de los tsunamis los originan los terremotos, algunos se forman cuando se produce un desprendimiento de tierras en el fondo marino *(primer dibujo, izquierda)*. Un tsunami también puede resultar de la erupción de un volcán submarino *(izquierda)*.

Desprendimiento de tierras   **Volcán**

Recorrido mortal

El terremoto que azotó la costa chilena el 23 de mayo de 1960 desencadenó un maremoto que recorrió el océano Pacífico a 770 km/h *(mapa, derecha)*. Aproximadamente 14 horas después, el tsunami cayó sobre Hawai; allí devastó el puerto de Hilo *(abajo)*, causó daños por valor de 23 millones de dólares, y mató a 61 personas.

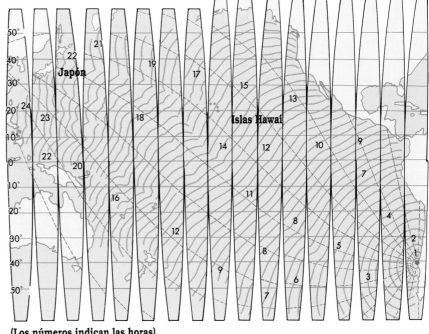

Japón

Islas Hawái

Epicentro del terremoto

(Los números indican las horas)

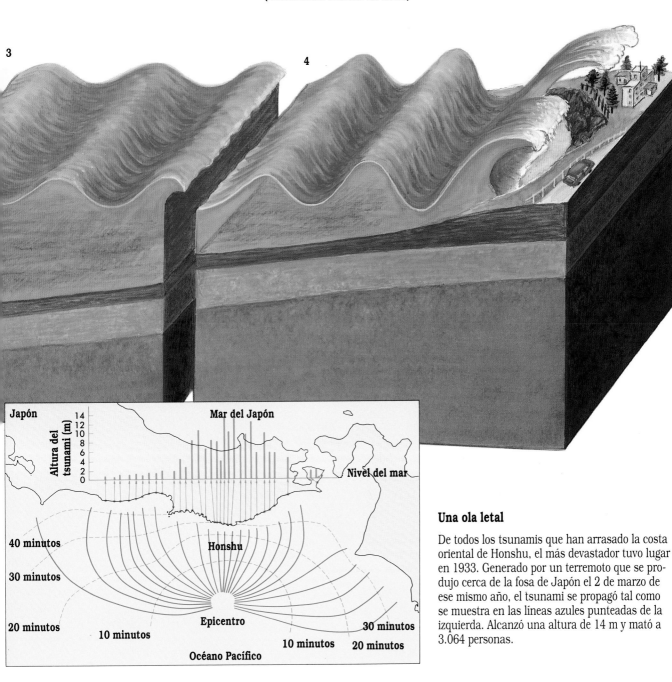

3

4

Japón

Mar del Japón

Altura del tsunami (m)

Nivel del mar

Honshu

40 minutos

30 minutos

20 minutos

10 minutos

Epicentro

30 minutos

10 minutos

20 minutos

Océano Pacífico

Una ola letal

De todos los tsunamis que han arrasado la costa oriental de Honshu, el más devastador tuvo lugar en 1933. Generado por un terremoto que se produjo cerca de la fosa de Japón el 2 de marzo de ese mismo año, el tsunami se propagó tal como se muestra en las líneas azules punteadas de la izquierda. Alcanzó una altura de 14 m y mató a 3.064 personas.

¿Qué es la licuefacción del suelo?

Los violentos temblores que se producen durante un terremoto pueden licuar las capas de terreno cercanas a la superficie. Esta licuefacción, nombre que recibe el proceso, normalmente afecta a terrenos rellenados y a otras zonas que se asientan sobre suelos húmedos y arenosos. La base húmeda suele ser lo bastante estable como para sostener los materiales y estructuras que la cubren en condiciones normales. Sin embargo, cuando se producen vibraciones sísmicas, agitan las partículas del terreno y lo reducen a una papilla similar a las arenas movedizas. Si la presión es lo suficientemente alta, el terreno licuado puede salir a chorros a través de las grietas de la tierra.

La licuefacción ocasiona una serie de daños, entre ellos hundimientos, escorrentías y deslizamientos de tierras. Durante el terremoto que se desató en Niigata, Japón, en 1964, hubo edificios que se hundieron hasta dos metros en el suelo, porque la superficie que los sostenía se licuó y cedió. Las cañerías de agua y las tuberías de gas enterradas en el subsuelo estallaron. El terremoto de Loma Prieta, que sacudió la región de San Francisco en 1989, provocó importantes licuefacciones y grandes daños en zonas de terreno rellenado.

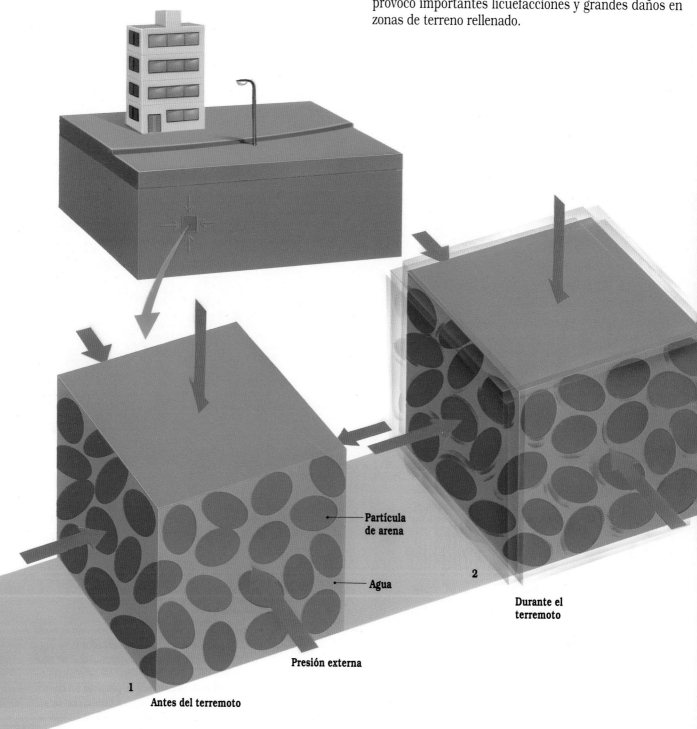

Partícula
de arena

Agua

Presión externa

2

**Durante el
terremoto**

1

Antes del terremoto

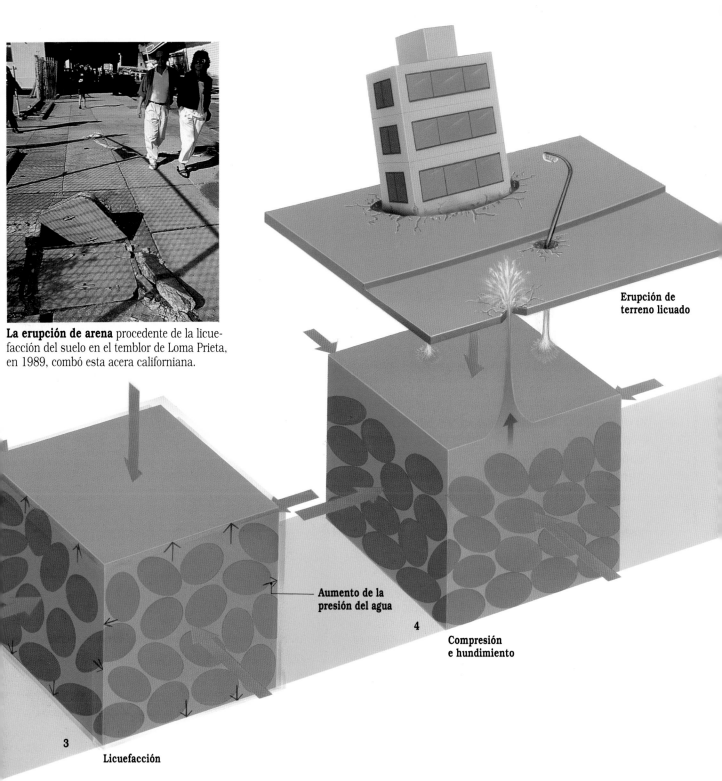

La erupción de arena procedente de la licuefacción del suelo en el temblor de Loma Prieta, en 1989, combó esta acera californiana.

Erupción de
terreno licuado

Aumento de la
presión del agua

4

Compresión
e hundimiento

3

Licuefacción

Asentamiento

1. Normalmente, el agua rellena los espacios que hay entre las partículas de un terreno arenoso. La presión que las partículas y el agua se ejercen mutuamente sustenta el terreno y evita que éste se vea afectado por la presión externa.

2. Durante un temblor, por efecto de las vibraciones prolongadas, el terreno adquiere las propiedades de un líquido denso; esto perturba el apoyo intergranular entre las partículas arenosas.

3. Si las partículas de arena están flotando en agua, el terreno pierde su consistencia. Como hay una mayor presión debido al terremoto, la presión del agua puede aumentar de repente.

4. Para mitigar la presión, el agua asciende hasta la superficie, y como consecuencia, el terreno se licúa y forma una sustancia de la consistencia de las arenas movedizas. El subsuelo se comprime y entonces se producen hundimientos.

El temblor de Loma Prieta

Aunque el epicentro del terremoto de Loma Prieta, California, en 1989 se encontraba a unos 97 km al sur de San Francisco, la sacudida dañó la ciudad y sus alrededores por efecto de la licuefacción. En las zonas inestables de terreno rellenado, en las playas de la bahía de San Francisco, debido a la licuefacción, muchos edificios se hundieron en la tierra o cayeron de costado. La licuefacción también provocó el desplome de un trecho de 2,6 km de autopista elevada en la vecina ciudad de Oakland.

San Francisco

Aeropuerto

Falla de Hayward

Falla de San Andrés

Océano Pacífico

Epicentro ⊗

Zonas de licuefacción del terreno

Santa Cruz

4
Volcanes: se desata el poder de la Tierra

Nada evoca de manera más impresionante la energía sin límites de la Tierra que un volcán en erupción. Creadores y destructores, los volcanes son capaces de transformar la tierra, el mar y el cielo. En 1943, durante seis días, una grieta del suelo que escupía cenizas en un campo de Paricutín, México, creció hasta convertirse en un cono volcánico de 150 m; a lo largo de los nueve años siguientes, el nuevo volcán añadió 300 m a su altura y enterró en cenizas la vecina ciudad de San Juan. En 1883, la erupción del Krakatoa en Indonesia engulló una isla y escupió tanto polvo volcánico a la atmósfera que muchas regiones de la lejana Europa sufrieron un descenso del 10% en la cantidad de luz solar que recibían durante tres años.

Pero no todos los volcanes son violentos. El Kilauea, en Hawai, va expulsando abundante lava con total tranquilidad y deposita roca volcánica en la costa meridional de la isla, así Hawai va ganándole terreno al mar. En Islandia, la roca fundida fluye mansamente a través de las fisuras o grietas de la tierra y forma llanuras de lava.

Esta tarea de construcción terrestre que los volcanes llevan a cabo tiene lugar desde los albores de la Tierra; en realidad, los volcanes han forjado más del 80% de los continentes y fondos marinos de la Tierra. Hasta los océanos y el aire han evolucionado a partir de gases volcánicos arrojados durante millones de años.

Este capítulo explora las causas del surgimiento de los volcanes, cómo entran en erupción y qué hacen los humanos para minimizar su potencial destructivo. Asimismo, examina algunas de las maravillas de la naturaleza que son consecuencias indirectas de la actividad volcánica.

Una cortina de lava ardiente se eleva a través de una grieta en el Mihara, un volcán de la isla japonesa de Oshima. A principios de 1990, el volcán fue escenario de violentas explosiones en la cumbre y de erupciones laterales de estilo hawaiano (página 66).

¿Cómo se forma la lava?

La lava que arroja un volcán *(derecha)* tiene su origen en lo más profundo de la Tierra. Como se explica en el capítulo 2, las placas continentales y oceánicas de la Tierra están sobre el manto superior, un estrato de roca un tanto moldeable que rodea el núcleo sobrecalentado de la Tierra. Cuando las placas chocan y se separan, a menudo se forman en la corteza estrechas, aunque profundas, aberturas verticales llamadas fisuras. El roce de las placas también produce bolsas de magma subterráneo, es decir, de roca fundida *(abajo)*. El magma sigue el recorrido de las fisuras hasta la superficie, donde los volcanes la expulsan en forma de lava.

▲ **El Kilauea,** en Hawai, escupe cenizas y lava encendida desde una cámara magmática.

Volcán

Placa continental

Cámara magmática

Manto

Placa oceánica

● El viaje a la superficie

El magma se forma cuando la roca de una placa oceánica, empujada hacia el interior de la Tierra al superponerse sobre ella una placa continental, entra en contacto con el manto y se funde. Así se forma el magma caliente y flotante que se eleva a través del manto en forma de burbujas semejantes a gotas invertidas. Al llegar a la corteza, el magma se almacena en embolsamientos justo debajo de la superficie.

Magma ascendente

El principal ingrediente de la lava

Que la lava sea viscosa como el alquitrán o fluida como el jarabe depende de la cantidad de sílice –un mineral cristalino– que contenga. La lava del Kilauea (derecha) sólo tiene un 51% de sílice, por eso es líquida y rápida.

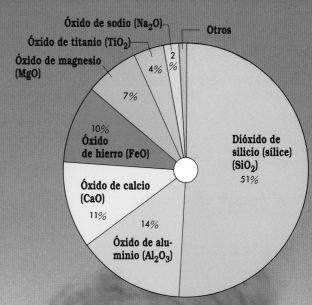

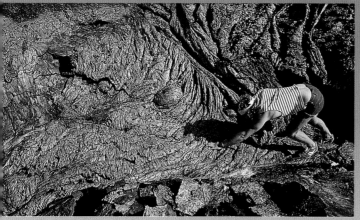

▲ **Un geólogo estudia** la lava *pahoehoe*, una mezcla líquida, baja en sílice, cuya superficie se enfría rápidamente y forma una corriente fibrosa.

Óxido de sodio (Na₂O)
Óxido de titanio (TiO₂)
Óxido de magnesio (MgO)
Otros

2%
4%
7%

Óxido de hierro (FeO) 10%

Dióxido de silicio (sílice) (SiO₂) 51%

Óxido de calcio (CaO) 11%

Óxido de aluminio (Al₂O₃) 14%

Fosa oceánica

Conducto de magma

Cámara magmática

Por qué entran en erupción los volcanes

Un volcán entra en erupción cuando la presión del magma del subsuelo supera a la presión de la roca que se encuentra encima. El magma, en continua ebullición, se mantiene a flote en su cámara, situada a poca profundidad, gracias al vapor de agua y otros gases calientes; estos hacen subir al magma a través de las grietas y chimeneas hacia la superficie.

¿Por qué hay diferentes tipos de volcanes?

Los quinientos dieciséis volcanes activos de la Tierra presentan todo tipo de formas y tamaños, y cada uno tiene su propia manera de entrar en erupción. Del Kilauea en Hawai, por ejemplo, manan suavemente arroyos de lava, mientras el Vesubio, en Italia, parece despedir fuegos artificiales que estallan en el cielo.

Esta variedad de erupciones, ilustradas en las imágenes inferiores, se debe a las diferencias en el magma que contiene cada volcán. Un magma con bajo contenido en gas y sílice arroja una suave corriente de lava líquida que se extiende con facilidad. Por el contrario, un magma rico en gas y sílice provoca violentas explosiones: el magma viscoso es capaz de taponar la chimenea del volcán, bloqueando así cualquier movimiento ascendente procedente del interior hasta que la presión que se concentra en la lava cargada de vapor hace saltar por los aires las rocas que la cubren.

El tamaño y forma de un volcán dependen de la historia de sus erupciones. Tal y como se muestra a la derecha, las chimeneas y fisuras que fluyen libremente forman mesetas de lava o volcanes de escudo inclinados; las erupciones catastróficas dan forma a calderas y grandes cráteres.

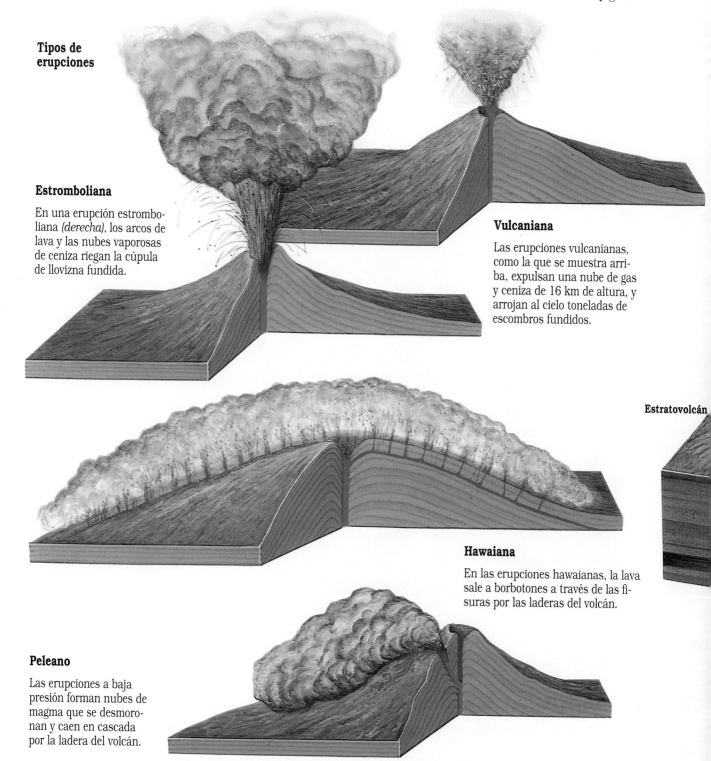

Tipos de erupciones

Estromboliana

En una erupción estromboliana *(derecha)*, los arcos de lava y las nubes vaporosas de ceniza riegan la cúpula de llovizna fundida.

Vulcaniana

Las erupciones vulcanianas, como la que se muestra arriba, expulsan una nube de gas y ceniza de 16 km de altura, y arrojan al cielo toneladas de escombros fundidos.

Estratovolcán

Hawaiana

En las erupciones hawaianas, la lava sale a borbotones a través de las fisuras por las laderas del volcán.

Peleano

Las erupciones a baja presión forman nubes de magma que se desmoronan y caen en cascada por la ladera del volcán.

Las numerosas caras de un volcán

Los volcanes adquieren formas muy varia-das *(abajo)*, según la composición de su magma y las erupciones que hayan tenido.

Cono de cenizas

El volcán más sencillo, el cono de cenizas, crece alrededor de una grieta explosiva central que escupe cenizas de magma. Cuando las cenizas se depositan alrededor de la grieta, forman un montículo con un cráter en forma de cuenco. Los conos de cenizas son pequeños, raramente superan los 300 m.

Maar

La erupción de gases magmáticos cerca de la superficie a veces for-ma un *maar*, un cráter de baja altura, de 50 a 2.000 m de ancho.

Meseta de lava

La lava líquida que fluye a través de las fisuras transversales de la corteza se reco-ge en enormes charcas; durante siglos, es-tos lagos de lava se solidifican y forman mesetas de rocas volcánicas de kilómetros de espesor. Estas mesetas componen gran parte de la península del Decán, en India.

Volcán en escudo

Los volcanes en escudo, construidos capa a capa por coladas de lava sucesivas de bajo contenido en sílice, se cuentan entre los más grandes del mundo. La lava se acumula en densas capas y forma una montaña poco inclinada coronada por una chimenea de la que mana magma con tranquilidad. Un volcán de escudo puede medir 5 o 6 km de diámetro y alcanzar 600 m de altura.

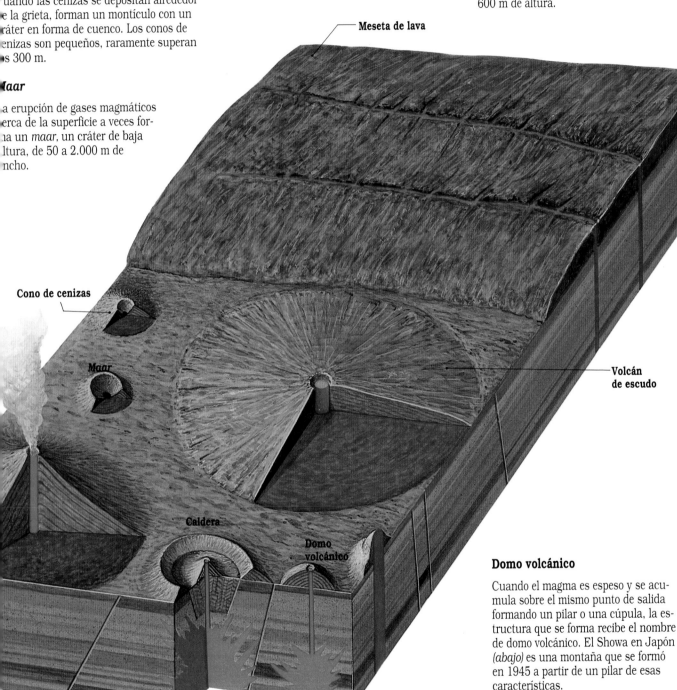

Meseta de lava

Cono de cenizas

Maar

Volcán de escudo

Caldera

Domo volcánico

Domo volcánico

Cuando el magma es espeso y se acu-mula sobre el mismo punto de salida formando un pilar o una cúpula, la es-tructura que se forma recibe el nombre de domo volcánico. El Showa en Japón *(abajo)* es una montaña que se formó en 1945 a partir de un pilar de esas características.

Estratovolcán

Un estratovolcán está formado por estratos, o capas alternas, de ceniza y lava. El monte Santa Helena (St. Helens), al noroeste de Estados Unidos, y el Fuji en Japón, son un ejemplo típico de estos empinados conos, que pueden tener una o más chimeneas en la cima y en las laderas.

Caldera

Si se vacía la cámara magmática de un volcán, éste se desploma y da lugar a una caldera.

¿Qué es una caldera?

El volcán Kilauea de Hawai es uno de los más activos del mundo, pero sus erupciones son tan mansas que los turistas pueden quedarse al borde del volcán y ver cómo se producen. Kilauea es una majestuosa montaña coronada por una caldera, un gran cráter volcánico en forma de cuenco. En 1924, el volcán dejó salir todo el magma de la cámara en una serie de 41 erupciones. Después, el cono se hundió en la cámara magmática, ya vacía, y formó un cráter. En el lecho del cráter muy pronto empezaron a brotar diminutos conos y fisuras; de ellos surgen los perezosos ríos de lava que sirven de atracción a los turistas.

Algunas calderas se forman de repente, no de forma gradual: se moldean cuando un volcán lanza su cima por los aires y vacía el depósito magmático en un monstruoso espasmo. Después, cuando el depósito de magma se llena de escombros y se solidifica, un volcán de este tipo puede dejar de tener erupciones para siempre.

El lago Cráter en Oregón *(arriba)*, al noroeste de Estados Unidos, es una de las calderas más grandes del mundo. Tiene 10 km de ancho y sus paredes miden 600 m de alto.

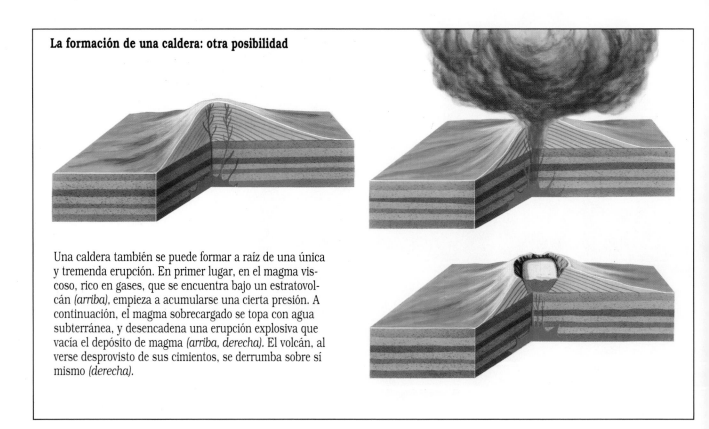

La formación de una caldera: otra posibilidad

Una caldera también se puede formar a raíz de una única y tremenda erupción. En primer lugar, en el magma viscoso, rico en gases, que se encuentra bajo un estratovolcán *(arriba)*, empieza a acumularse una cierta presión. A continuación, el magma sobrecargado se topa con agua subterránea, y desencadena una erupción explosiva que vacía el depósito de magma *(arriba, derecha)*. El volcán, al verse desprovisto de sus cimientos, se derrumba sobre sí mismo *(derecha)*.

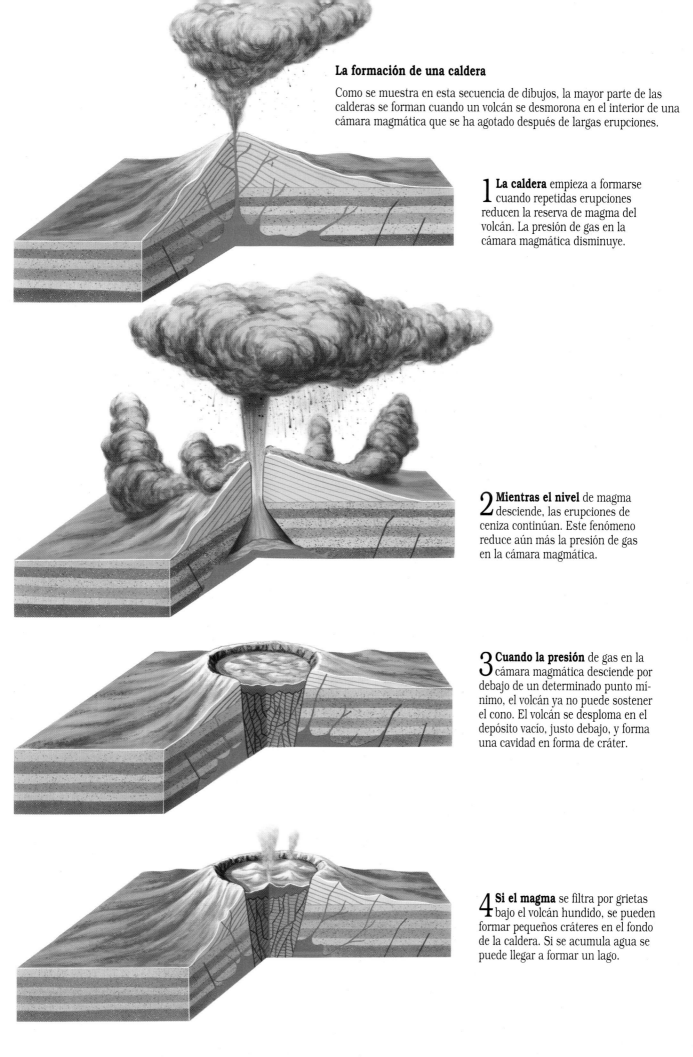

La formación de una caldera

Como se muestra en esta secuencia de dibujos, la mayor parte de las calderas se forman cuando un volcán se desmorona en el interior de una cámara magmática que se ha agotado después de largas erupciones.

1 **La caldera** empieza a formarse cuando repetidas erupciones reducen la reserva de magma del volcán. La presión de gas en la cámara magmática disminuye.

2 **Mientras el nivel** de magma desciende, las erupciones de ceniza continúan. Este fenómeno reduce aún más la presión de gas en la cámara magmática.

3 **Cuando la presión** de gas en la cámara magmática desciende por debajo de un determinado punto mínimo, el volcán ya no puede sostener el cono. El volcán se desploma en el depósito vacío, justo debajo, y forma una cavidad en forma de cráter.

4 **Si el magma** se filtra por grietas bajo el volcán hundido, se pueden formar pequeños cráteres en el fondo de la caldera. Si se acumula agua se puede llegar a formar un lago.

¿Cómo entró en erupción el Santa Helena?

A las 8:32 de la mañana del 18 de mayo de 1980, el monte Santa Helena (St. Helens), del estado de Washington en el noroeste de los Estados Unidos, entró en erupción con la fuerza de 500 bombas atómicas. Una bolsa de magma en la ladera norte del volcán reventó como una burbuja liberando gases explosivos y agua. Luego una explosión de vapor ardiente cercenó la cumbre rebajándola 400 m y derribó todos los árboles en un radio de 24 km. Dos mil millones de metros cúbicos de roca pulverizada y cenizas mezcladas con nieve y hielo se precipitaron por la ladera y cubrieron los terrenos circundantes con una marea de cieno.

Los árboles muertos, derribados como mondadientes, que rodean el Santa Helena, atestiguan la fuerza de la erupción lateral del volcán. Violentos vientos a una temperatura de 260 °C recorrieron 600 km² de bosque, abrasaron los árboles y cubrieron la tierra de cenizas.

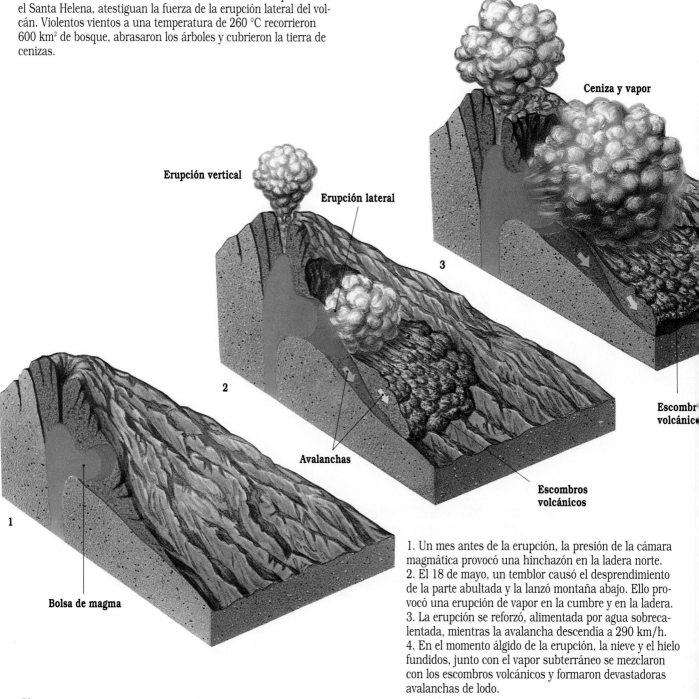

Erupción vertical

Erupción lateral

Ceniza y vapor

Avalanchas

Escombros volcánicos

Escombros volcánicos

Bolsa de magma

1. Un mes antes de la erupción, la presión de la cámara magmática provocó una hinchazón en la ladera norte.
2. El 18 de mayo, un temblor causó el desprendimiento de la parte abultada y la lanzó montaña abajo. Ello provocó una erupción de vapor en la cumbre y en la ladera.
3. La erupción se reforzó, alimentada por agua sobrecalentada, mientras la avalancha descendía a 290 km/h.
4. En el momento álgido de la erupción, la nieve y el hielo fundidos, junto con el vapor subterráneo se mezclaron con los escombros volcánicos y formaron devastadoras avalanchas de lodo.

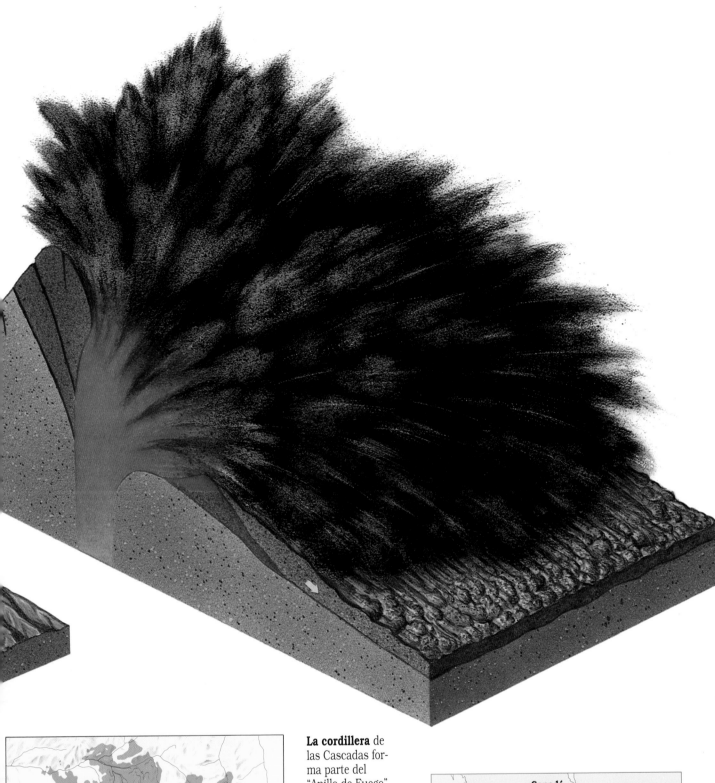

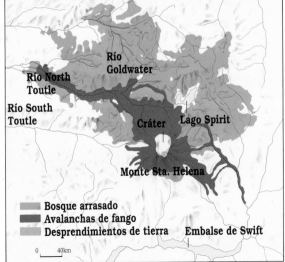

La cordillera de las Cascadas forma parte del "Anillo de Fuego" que rodea el océano Pacífico, en el que se encuentran el 60% de los volcanes activos del mundo.

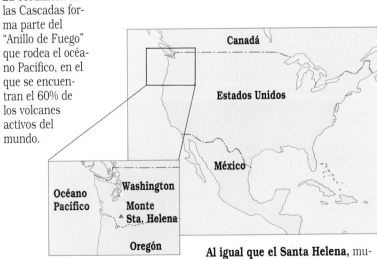

Una avalancha de roca, cenizas y hielo se precipitó por los valles y taló suficiente madera como para abastecer 250.000 hogares.

Al igual que el Santa Helena, muchos volcanes de la cordillera de las Cascadas, que se extiende desde la Columbia Británica en Canadá hasta el norte de California, están inactivos sólo temporalmente.

71

¿Cómo fue la erupción de Krakatoa?

La mañana del 27 de agosto de 1883 hubo erupciones terribles en Krakatoa, pero poco después, esa isla volcánica de Indonesia estaba sumida en un extraño silencio. Cuando la población pensaba que lo peor había pasado, un rugido ensordecedor estalló en el cielo y 21 km³ de roca incandescente y cenizas salieron disparados por los aires. Con un colosal estremecimiento, dos de las picachos de 300 m de Krakatoa se hundieron en el mar y formaron una caldera de 274 m de profundidad. El agua del mar desplazada por la explosión formó olas de 40 m que barrieron 295 ciudades y causaron la muerte de 36.000 personas. La ceniza que flotaba en el aire sumió en una oscuridad impenetrable que duró dos días a zonas situadas a 80 km de distancia, mientras en el mar se depositaban enormes balsas de ceniza. Tres años después, un velo de detritos volcánicos seguía suspendido en el aire.

Vapor y ceniza salen del Anak Krakatoa ("el hijo de Krakatoa"), una isla volcánica que empezó a formarse en 1927 sobre el suelo de la caldera de Krakatoa.

Antes y después

La isla de Krakatoa, antes de entrar en erupción en 1833, estaba formada por tres picos volcánicos –Rakata, Danán y Perbuatán– rodeados por el borde de una antigua caldera *(arriba, izquierda)*. Después del cataclismo *(arriba, derecha)*, sólo quedó Rakata; Danán y Perbuatán habían desaparecido bajo el océano, dejando tras de sí una nueva caldera.

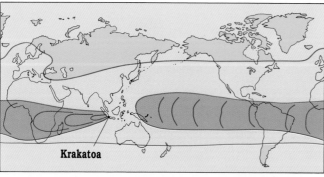

Arrastrada por los vientos alisios, la ceniza de Krakatoa dio la vuelta al mundo en dos semanas *(morado)*. Después se dispersó y dio una segunda vuelta *(rosa)* antes de disiparse.

Dos días de destrucción

A lo largo del 26 de agosto de 1883, una serie de erupciones explosivas estremecieron la diminuta isla volcánica de Krakatoa. A las 2 de la tarde, los montes gemelos de Danán y Perbuatán habían escupido una nube negra monstruosa, que provocó una lluvia de ceniza y piedra pómez ardiente sobre los alrededores. Los

Detritos volcánicos

febriles espasmos de Krakatoa se intensificaron durante la noche y por la mañana. Al final, a las 10:02 del 27 de agosto, una gigantesca explosión convulsionó Krakatoa, formó una nube de ceniza de 80 km de altitud y engulló dos tercios de la isla indonesia.

La explosión de Krakatoa produjo una serie de maremotos devastadores *(páginas 58-59)*, que alcanzaron las islas vecinas 25 minutos después de la erupción del volcán.

¿Cómo fue sepultada Pompeya?

La referencia escrita más antigua de una erupción volcánica describe la destrucción de Pompeya y Herculano, ciudades de la bahía de Nápoles, situadas junto al Vesubio, en el año 79 a.C. Aunque Pompeya era una ciudad famosa en la época romana, la urbe desapareció de la historia durante casi 1.700 años, enterrada bajo las cenizas arrojadas por el Vesubio. Hasta 1748, cuando unos trabajadores de la construcción desenterraron partes de la ciudad antigua, no se redescubrió Pompeya. Protegida de los elementos por su manto de ceniza sin aire, Pompeya emergió extrañamente intacta: en gran parte tal como amaneció en la mañana en que el Vesubio entró en erupción.

Pompeya, al pie del Vesubio, estaba a 160 km de Roma.

Vesubio, 24 de agosto

Desenterrada después de casi dos milenios, la ciudad romana de Pompeya vuelve a alzarse a la sombra de su destructor, el Vesubio. Se han excavado tres quintas partes de la que fuera una vez una gran ciudad.

Cacharros de cocina tal como se encontraban en el momento de la erupción, siguen adornando una cocina en Pompeya.

Grosor (m)

Hora

- 8 — **La segunda nube entra en Pompeya**
- 7
- 6 — **La segunda nube alcanza el muro de la ciudad**
- 5
- 4
- 3 — **La segunda nube desciende**
- 2 — **La primera nube llega a Herculano**
- 1
- 24
- 23
- 22
- 21 — **La ceniza cambia de blanca a gris**
- 20
- 19
- 18 — **Los tejados ceden bajo el peso de los escombros**
- 17
- 16
- 15
- 14 — **Empieza a caer ceniza volcánica**
- 13

25 de agosto — Ceniza gris

24 de agosto — Ceniza blanca

Un corte en forma de esquema de la tierra excavada *(izquierda)* muestra los tipos y grosores de los residuos volcánicos depositados hora tras hora durante la erupción.

Nubes sulfurosas, cenizas y una granizada de piedras cayeron sobre regiones que tuvieron la mala fortuna de encontrarse a favor del viento desde el Vesubio.

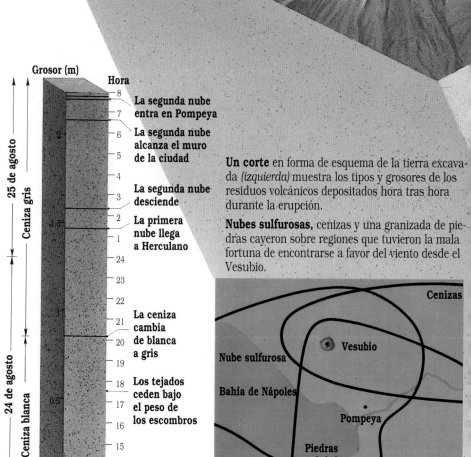

Cenizas

Vesubio

Nube sulfurosa

Bahía de Nápoles

Pompeya

Piedras volcánicas

0   8 km

Vesubio, 25 de agosto

Pompeya

2

Pompeya

1. La erupción de 79 a.C. comenzó con un estampido atronador, mientras el Vesubio expulsaba una columna de ceniza caliente a 20 km de altura. Mientras empezaban a depositarse los escombros, una ventisca de cenizas, piedras volcánicas y vapores asfixiantes descendía sobre Pompeya.
2. Un día después el Vesubio entró en erupción con renovada violencia, vertiendo una avalancha incandescente de ceniza ardiente y fragmentos de lava sólida que enterró la ciudad bajo 6 m de escombros volcánicos.

▶ **Los cadáveres** de los pompeyanos fallecidos a causa de la erupción se descompusieron dentro de moldes de ceniza endurecida; siglos después, se rellenaron estos espacios vacíos con yeso para recrear la figura de los antiguos habitantes.

¿Dónde se forman las montañas submarinas?

En la década de 1950, la cartografía mediante sonar empezó a revelar que cerca de 10.000 volcanes se elevan desde el fondo del océano. Algunos de estos guyots, tal como se denominan los volcanes sumergidos, están extinguidos; otros continúan entrando en erupción con una fuerza espectacular. Sin embargo, por debajo de 300 m de profundidad, la presión del agua evita la salida de los gases que forman las erupciones explosivas.

Aunque un volcán submarino puede llegar a medir más de 9.000 m desde la base hasta la cima, empieza siendo una diminuta chimenea en el fondo del mar. Dicha chimenea suele aparecer cerca de los bordes de las placas tectónicas. Con menos frecuencia, se halla en medio de una placa, sobre un penacho estacionario de magma conocido como punto caliente *(páginas 44-45)*. A medida que la placa se desplaza sobre el punto caliente, se va formando una cadena de islas volcánicas.

Vapor y rocas surgen disparados desde un volcán submarino, anunciando el nacimiento de una nueva isla.

Tres formas de construir un volcán en el mar

Allí donde chocan dos placas oceánicas *(abajo, izquierda)*, el magma sale en erupciones que forman un arco de islas volcánicas. Donde dos placas se separan, el magma asciende de manera continua y tranquila formando una dorsal oceánica a lo largo de la fisura *(derecha)*. Un volcán en el punto caliente *(centro)* toma forma cuando un penacho parecido a una antorcha funde la roca del manto superior, produciendo magma que entra en erupción en forma de lava.

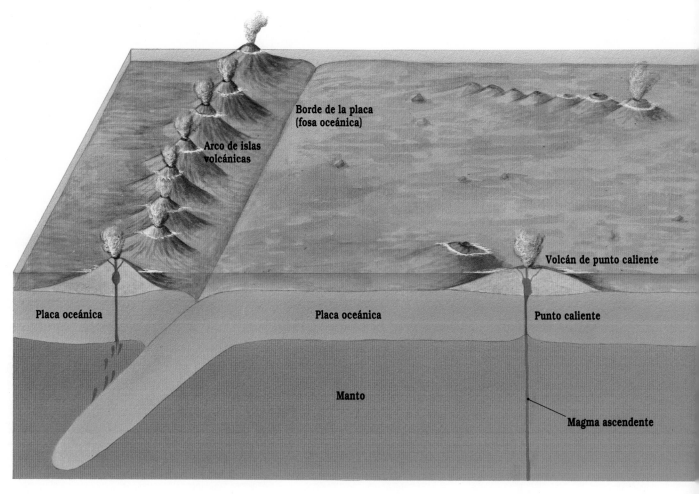

Borde de la placa
(fosa oceánica)

Arco de islas
volcánicas

Volcán de punto caliente

Placa oceánica

Placa oceánica

Punto caliente

Manto

Magma ascendente

Cómo se forman las islas volcánicas en puntos calientes

1. El magma que burbujea en un punto caliente deposita lava almohadillada sobre el fondo del mar y calienta el océano circundante.
2. La lava almohadillada se apila alrededor de la grieta volcánica, formando un cono de poca pendiente.
3. El cono emerge del mar. Los gases del magma se expanden, provocando explosiones de vapor. En las laderas del cono volcánico, que aumenta lentamente, se acumulan escombros vítreos y cenizas endurecidas.

4. El cono vierte ríos de lava fluida y se convierte en un auténtico volcán de escudo. Finalmente, la cima del volcán puede derrumbarse para formar una caldera.
5. Erupciones intermitentes hacen crecer el volcán, aumentando así la base de la nueva isla. Las olas y el viento erosionan la roca volcánica convirtiéndola en tierra. Después de que el volcán se extinga, millones de años de erosión acabarán con la superficie expuesta, devolviendo la isla al mar.

Ya extinguidas como volcanes, las islas de Maui *(parte inferior)* y Kahoolawe estuvieron antaño encima del punto caliente donde se asienta hoy en día la isla de Hawai. La placa del Pacífico desplazó las islas hacia el noroeste.

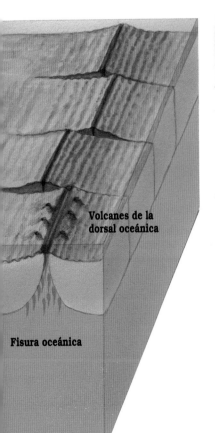

Volcanes de la dorsal oceánica

Fisura oceánica

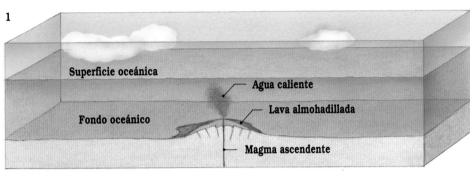

1

Superficie oceánica

Fondo oceánico

Agua caliente

Lava almohadillada

Magma ascendente

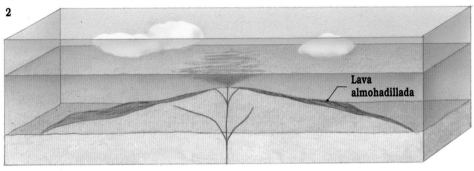

2

Lava almohadillada

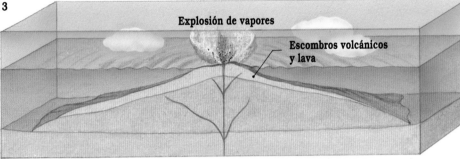

3

Explosión de vapores

Escombros volcánicos y lava

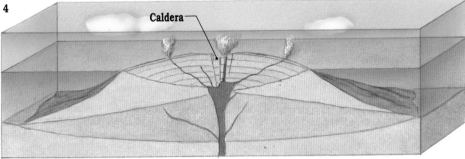

4

Caldera

5

Cono de cenizas

Zonas erosionadas

¿Pueden predecirse las erupciones?

La erupción del monte Santa Helena en mayo de 1980 provocó la muerte de más de 60 personas. Sin embargo, si los científicos no hubieran alertado previamente a los habitantes del lugar para que abandonaran la zona, el número de víctimas podría haber sido de 30.000.

Numerosas pruebas condujeron a esta predicción salvadora. En 1978, por ejemplo, un estudio de la historia del volcán indicaba la probabilidad de que se produjera una erupción antes del año 2000. Los datos de otros volcanes (terremotos locales frecuentes, concentración de gases volcánicos) aportaron más indicios de que el monte Santa Helena pronto explotaría.

Hoy en día los vulcanólogos están mejorando sus métodos para predecir las erupciones. Utilizando los instrumentos que aparecen en estas páginas, mantienen una vigilancia constante sobre los signos vitales de los volcanes. Los resultados son esperanzadores: entre 1984 y 1986, los geofísicos del Observatorio Volcánico de Hawai pronosticaron con exactitud 47 erupciones en el monte Kilauea. Mientras tanto, los científicos de la Universidad de Washington han predicho con éxito el 90 % de las erupciones del monte Santa Helena desde 1980.

Ataviado con una vestimenta resistente al calor, un científico recoge lava para su análisis químico y de temperatura.

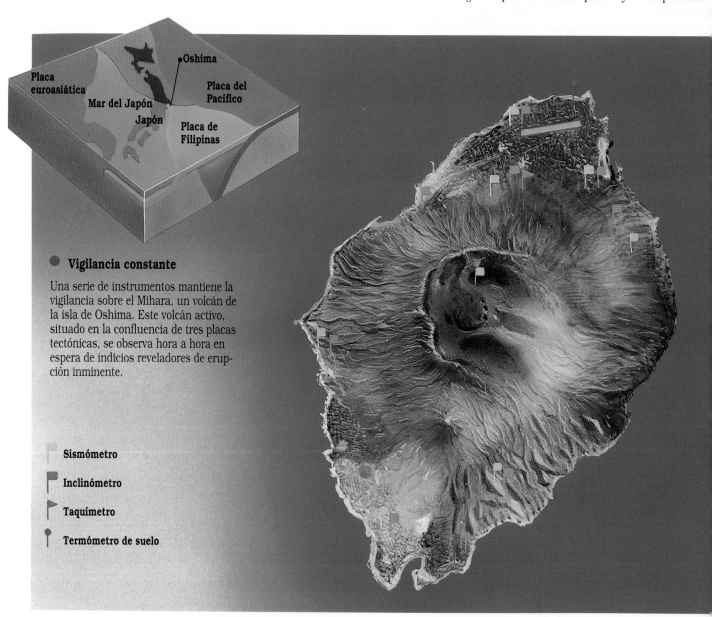

● Vigilancia constante

Una serie de instrumentos mantiene la vigilancia sobre el Mihara, un volcán de la isla de Oshima. Este volcán activo, situado en la confluencia de tres placas tectónicas, se observa hora a hora en espera de indicios reveladores de erupción inminente.

Placa euroasiática

Oshima

Placa del Pacífico

Mar del Japón

Japón

Placa de Filipinas

Sismómetro

Inclinómetro

Taquímetro

Termómetro de suelo

Armadura de sensores

No hay dos volcanes iguales. Para pronosticar cuando entrará en erupción un volcán, los geólogos deben, por tanto, estudiar la estructura y la historia eruptiva del volcán. Luego los científicos incorporan las mediciones que registran los detectores como los que aparecen ilustrados a la derecha, de la actividad sísmica del volcán, la inclinación de tierra, la temperatura, las propiedades eléctricas y gravitacionales y la salida de gas.

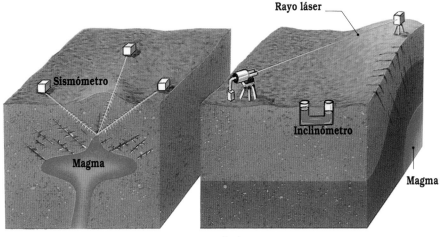

Taquímetros

También conocidos como telémetros, los taquímetros miden los cambios en los ángulos horizontales y verticales de la montaña.

Sismómetros

Los sismómetros que hay encima y alrededor del volcán detectan la situación e intensidad de los temblores provocados por el movimiento del magma.

Inclinómetro

Los inclinómetros miden los cambios en el nivel del agua o en el tiempo de desplazamiento de un rayo láser, que varían a medida que el flujo del magma aumenta o disminuye la elevación del suelo.

Recolección de muestras

De pie detrás de una cresta de lava solidificada que le llega hasta las rodillas, un vulcanólogo recoge muestras de gases que emite el Kilauea, un volcán activo de Hawai. En el fondo aparece una lenta cascada de lava.

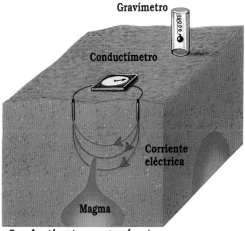

Conductímetros y gravímetros

El magma conduce la corriente eléctrica mejor que la roca sólida, de modo que los científicos utilizan aparatos que miden la conductividad para detectar eventuales ascensos de magma. Los gravímetros también pueden detectar el flujo de magma.

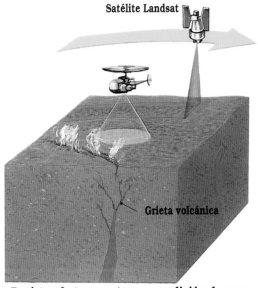

Registro de temperaturas y medición de gases

El satélite Landsat utiliza sensores infrarrojos para detectar los cambios de temperatura en los volcanes. La descarga de gases se puede vigilar con medios aéreos.

Unos geólogos recogen muestras de gas de una chimenea volcánica del Monte Baker, Washington. Un aumento de los niveles de dióxido de azufre y otros gases indican un recrudecimiento inminente de la actividad volcánica.

¿Cómo se forman los géiseres?

Los géiseres, palabra que en islandés significa "surtidor", son unos manantiales termales que entran en erupción a intervalos que varían de minutos a días, expulsando chorros de agua hirviendo y vapor hasta 60 m de altura. Los géiseres se alimentan de los mismos tipos de fuerzas que hacen entrar en erupción a los volcanes: en primer lugar, el calor que transmite el magma a las rocas convierte el agua del subsuelo en vapor a presión; luego, el vapor, filtrándose hacia arriba por grietas donde la corteza es más delgada de lo habitual, estalla periódicamente a través de la superficie.

El parque nacional de Yellowstone, en el oeste de los Estados Unidos, cuenta con 72 géiseres. Otros géiseres se hallan concentrados en Islandia y Nueva Zelanda, regiones donde la corteza de la Tierra tiene un grosor de apenas 3 a 5 km.

Como un extraño reloj, el géiser Old Faithful, en el parque Yellowstone, entra en actividad cada 65 minutos aproximadamente.

El generador de vapor de Yellowstone

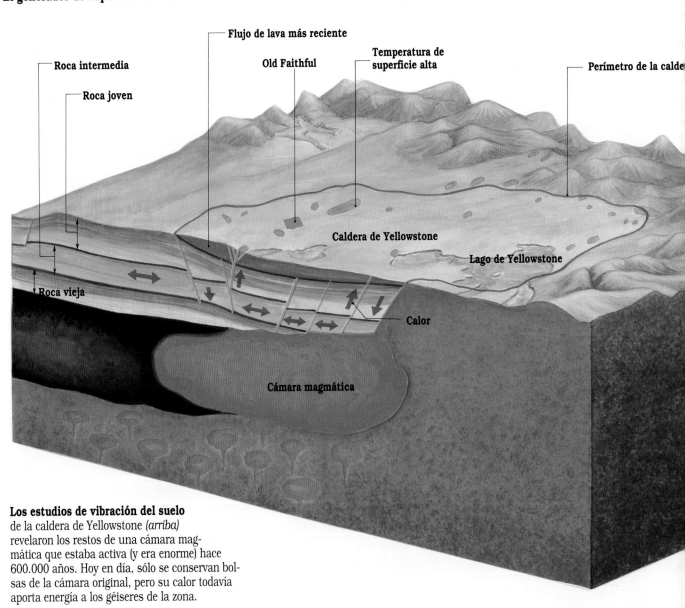

- Roca intermedia
- Roca joven
- Roca vieja
- Flujo de lava más reciente
- Old Faithful
- Temperatura de superficie alta
- Perímetro de la caldera
- Caldera de Yellowstone
- Lago de Yellowstone
- Calor
- Cámara magmática

Los estudios de vibración del suelo de la caldera de Yellowstone (*arriba*) revelaron los restos de una cámara magmática que estaba activa (y era enorme) hace 600.000 años. Hoy en día, sólo se conservan bolsas de la cámara original, pero su calor todavía aporta energía a los géiseres de la zona.

Mecanismos productores de géiseres

Aunque cada géiser es diferente, los científicos creen que todos se originan de una de las tres maneras que aparecen ilustradas a la derecha.

Agua en una cavidad de poca profundidad

Bajo el géiser de cavidad hay una cámara hueca en la que se acumula el agua del subsuelo. El calor de las rocas circundantes lleva el agua lentamente al punto de ebullición, haciendo que el vapor salga violentamente como en una olla a presión.

Agua en un canal vertical

El géiser tubular se alimenta de un canal estrecho que contiene agua calentada por las rocas que hay a lo largo de su camino. Cuando el agua asciende, parte de ella se convierte en vapor, e impulsa el agua que queda ante él.

Agua en una capa fina

El agua que alimenta a un géiser de lámina de agua puede acumularse en un fino estrato en el interior de la Tierra, donde las rocas lo calientan a más de 200° C. Cuando el agua se acerca la superficie y la presión disminuye, hierve y explota.

Géiser de cavidad

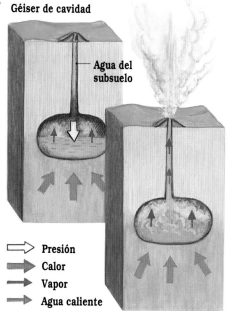

Agua del subsuelo

⇨ Presión
⇨ Calor
→ Vapor
⇨ Agua caliente

Géiser de tubo

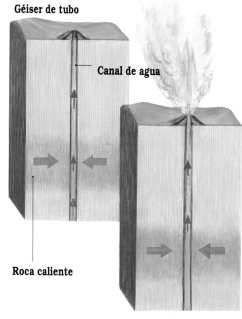

Canal de agua

Roca caliente

Géiser de capa de agua

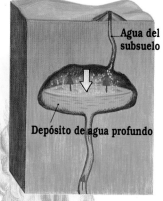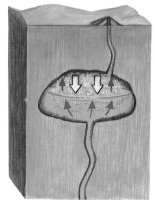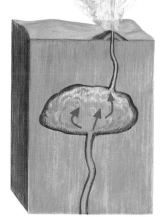

Agua del subsuelo

Depósito de agua profundo

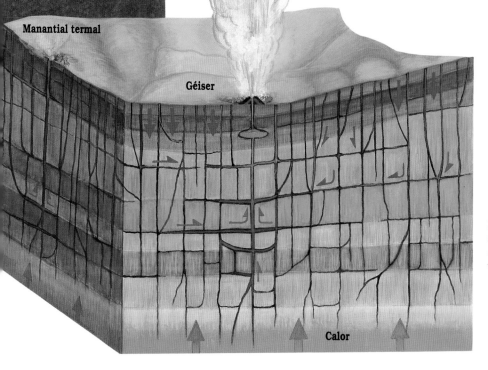

Manantial termal

Géiser

Calor

La gestación de un géiser

Hace unos 60 millones de años, tres erupciones volcánicas sacudieron la zona de Yellowstone, dejando la roca de base llena de aberturas y grietas. Hoy en día, el agua fría del subsuelo *(flechas azules)* corre a través de estas grietas hasta una profundidad de un kilómetro como mínimo, donde la cámara de magma remanente *(a la izquierda, alejado)* la calienta lentamente hasta alcanzar varios cientos de grados. El agua caliente, menos densa, asciende entonces *(flechas rojas pequeñas)* a través de la roca resquebrajada. Cerca de la superficie, la baja presión permite que el agua sobrecalentada se convierta en vapor y salga violentamente.

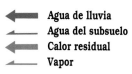

◀ Agua de lluvia
◀ Agua del subsuelo
◀ Calor residual
◀ Vapor

81

¿Cómo aparecen los manantiales termales?

Los manantiales de agua caliente, unas charcas de agua humeante a menudo teñida de rojo, amarillo, verde o azul por minerales o algas, se forman de forma muy parecida a los géiseres. El agua de lluvia fría se filtra en el suelo a través de la roca agrietada donde el magma la calienta. Luego esta agua caliente y menos densa asciende, disolviendo minerales y otros componentes y llevándolos a la superficie. Allí, burbujeando abundantemente en una grieta, las aguas calientes se acumulan para formar un manantial. Los minerales disueltos a menudo se precipitan y forman depósitos en forma de costra dura alrededor del borde del manantial. La temperatura de estos manantiales termales, tal como se llaman, es muy variable, pero muchos no son lo bastante calientes como para escalfar un huevo.

Un manantial de aguas termales burbujeante emite vapor.

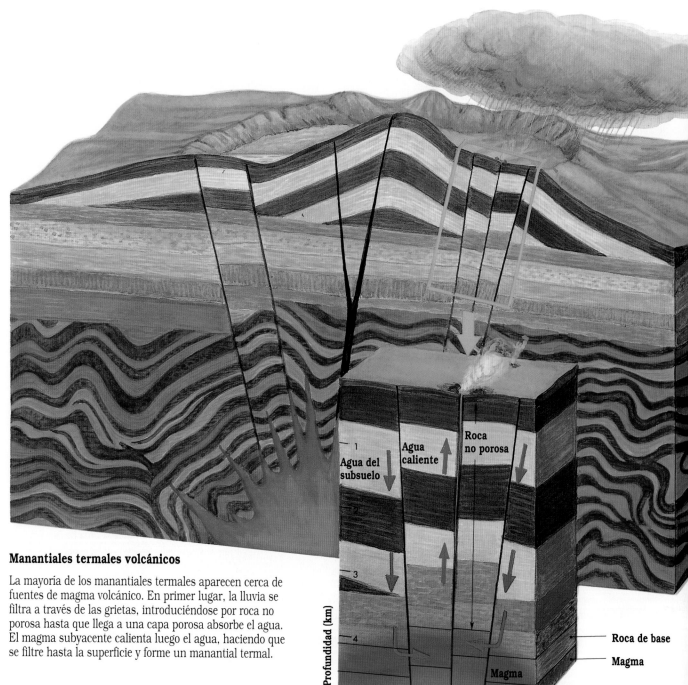

Manantiales termales volcánicos

La mayoría de los manantiales termales aparecen cerca de fuentes de magma volcánico. En primer lugar, la lluvia se filtra a través de las grietas, introduciéndose por roca no porosa hasta que llega a una capa porosa absorbe el agua. El magma subyacente calienta luego el agua, haciendo que se filtre hasta la superficie y forme un manantial termal.

1
Agua del subsuelo

Agua caliente

Roca no porosa

3

Profundidad (km)

4

Roca de base

Magma

Magma

Representación cartográfica de las zonas termales

La distribución mundial de los manantiales geotérmicos *(derecha)* se corresponde fielmente con la de los volcanes. Los manantiales termales y los volcanes se hallan cerca de confluencias tectónicas, donde las placas que chocan o se separan, remueven el magma desde las profundidades de la Tierra. Este magma emerge a la superficie a través de volcanes, mientras que el calor que genera aporta la energía a los manantiales termales. Se sabe que también se producen volcanes y manantiales termales sobre puntos calientes en medio de una placa, como es el caso de Hawai.

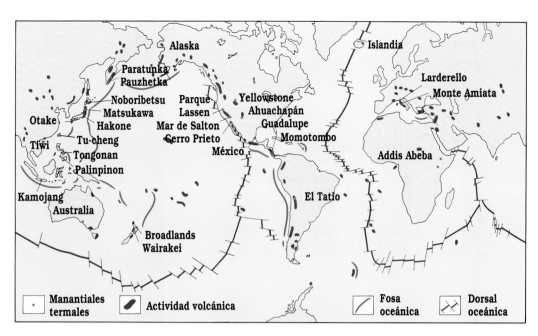

- **Manantiales termales**
- **Actividad volcánica**
- **Fosa oceánica**
- **Dorsal oceánica**

Manantiales termales no volcánicos

En ocasiones, aparecen manantiales termales alejados del lugar de cualquier actividad volcánica reciente. El calor que abastece estos manantiales no volcánicos proviene de otras fuentes, tales como la presencia de minerales con radiactividad natural, la fricción de capas rocosas que rozan entre sí, y el calor residual de antiguas cámaras magmáticas.

Lluvia

Agua del subsuelo

Roca no porosa

Manantiales termales

Agua caliente

Agua del subsuelo

Capa porosa

Calor residual

5
Las rocas: un registro histórico

La historia de la Tierra está inscrita en piedra. Las aparentemente insignificantes rocas que pasan desapercibidas bajo los pies humanos cuentan una historia fascinante, revelando los orígenes y el desarrollo de la Tierra así como los organismos que la han poblado. Cada roca posee una historia propia que contar, ya sea una roca ígnea, formada por el enfriamiento del magma caliente; una roca sedimentaria, creada por el viento y el agua; o una roca metamórfica, transformada por el calor y la presión a gran profundidad por debajo de la superficie.

Las rocas revelan no sólo su origen, sino también su antigüedad. Las rocas sedimentarias se forman gradualmente en capas, o estratos, con los depósitos más antiguos en las capas inferiores y los más jóvenes en las superiores. Los organismos fosilizados atrapados en estos sedimentos conservan el registro de la evolución de la vida en el planeta; también permiten a los científicos clasificar distintos períodos geológicos, desde la era precámbrica, que abarca el 90% de la historia de la Tierra, hasta los comparativamente recientes períodos glaciales del Pleistoceno. La antigüedad de las rocas también se puede determinar por el grado de desintegración de los isótopos radiactivos que conservan. Las rocas contienen además un registro de los cambios del campo magnético de la Tierra, dando así una idea de los movimientos de los continentes en las épocas anteriores a la aparición de los primeros humanos que caminaron sobre el planeta.

El aire, la tierra, el fuego y el agua han escrito la historia elemental de estas columnas de basalto del parque nacional de Yellowstone, en Estados Unidos. Formadas por el fuego y erosionadas por el viento y la lluvia, estas rocas cuentan su propia historia.

¿Cómo se forman las rocas?

Rocas de diferentes épocas y orígenes componen la corteza y el manto superior de la Tierra. Las rocas ígneas –es decir "de fuego"–, por ejemplo, se forman cuando el magma se enfría y se solidifica. Esto se produce principalmente a lo largo de los bordes de las placas y en puntos calientes productores de magma.

Cuando aparecen rocas ígneas en la superficie de la Tierra, el viento y el agua las erosionan y llevan los fragmentos de roca y otros materiales hacia el mar. Allí, con el paso del tiempo, el peso de cada capa comprime las capas que hay bajo ella formando roca sedimentaria. Los fósiles proporcionan información sobre el medio ambiente de la época y el lugar en que se formaron las rocas. Cuando los movimientos de placas se llevan estas rocas hacia las profundidades de la Tierra, las altas temperaturas y presiones las estrujan y deforman, transformándolas en rocas metamórficas –"de forma cambiada"–. Estas se hallan principalmente en las zonas de subducción en los bordes de las placas.

Capas sedimentarias alternas de roca arcillosa y arenisca revelan la historia geológica de una región.

Donde se forman las rocas

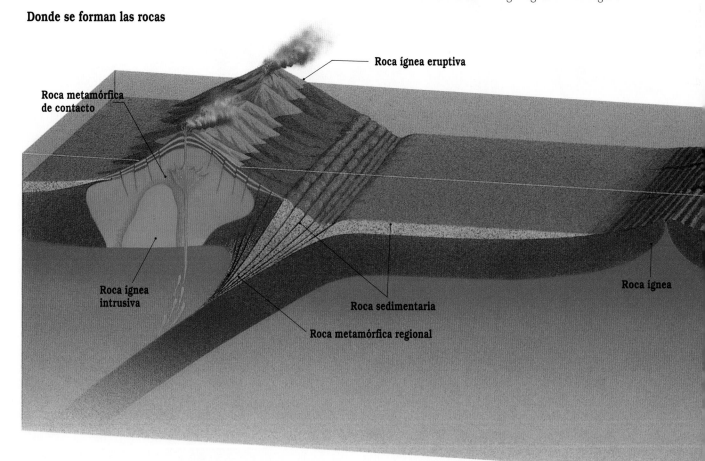

Roca ígnea eruptiva

Roca metamórfica de contacto

Roca ígnea intrusiva

Roca sedimentaria

Roca metamórfica regional

Roca ígnea

Algunas rocas ígneas se forman a partir del magma que emerge del manto de la Tierra a lo largo de las dorsales oceánicas y valles de fractura continentales, y en los volcanes en forma de lava. Allí donde las placas convergen, el calor de la fricción y la presión de la subducción de la placa funden las rocas para producir magma y,

finalmente, roca ígnea. Las presiones y temperaturas elevadas de estas zonas de convergencia también producen roca metamórfica. Las rocas sedimentarias se pueden formar en el océano o en zonas continentales, pero el tipo específico de roca que se forma depende de las condiciones locales.

Rocas sedimentarias

El viento y la lluvia erosiona las rocas dando lugar a partículas clásticas (grava, arena y limo) que los ríos llevan hasta el mar. Allí los sedimentos se comprimen en conglomerados, areniscas, limonitas o esquistos. La materia orgánica comprimida en aguas poco profundas o en tierra se convierte en sedimentos como la caliza, el gres y el carbón.

Los sedimentos gruesos de rocas pequeñas y arena se hunden cerca de la desembocadura del río; el limo, más fino, se sedimenta más lejos.

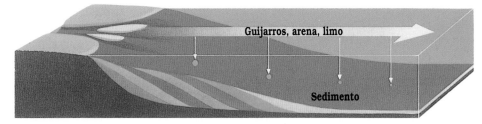

La roca erosionada y la grava forman conglomerados.

La arenisca está hecha de granos de arena cohesionados.

Las limonitas provienen del limo, formado por las partículas más finas.

El gres se compone de organismos marinos microscópicos.

Rocas ígneas

Cuando el magma líquido se enfría, se convierte en roca ígnea. Si la roca se forma debajo de la superficie de la Tierra, introducida entre otras rocas, se denomina intrusiva. La roca ígnea formada en la superficie, procedente de la lava o las cenizas volcánicas se denomina eruptiva. Las rocas ígneas también se diferencian por su contenido mineral.

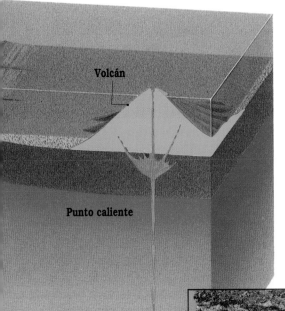

Volcán

Punto caliente

Roca ígnea eruptiva

Roca ígnea intrusiva

Rocas metamórficas

Las rocas metamórficas se hallan en plataformas continentales y en zonas de formación de montañas. El contacto con el magma caliente forma un tipo de roca metamórfica de contacto de alta temperatura, como puede ser la cornubianita, mientras que la presión intensa y el calor reducido dan lugar al metamorfismo llamado regional, con rocas como el gneis.

La presión y el calor forman la roca metamórfica llamada gneis.

Las altas presiones sobre una roca rica en arcilla producen esquistos verdes.

El contacto con el magma convierte la limonita en cornubianita.

¿Cómo se clasifican las rocas ígneas?

Las rocas ígneas, formadas por el enfriamiento y solidificación del magma, están compuestas principalmente de sílice (SiO_2). Sin embargo, según la composición del magma, las rocas ígneas pueden diferir ampliamente en cuanto al color, densidad, composición mineral y textura. Estas características identifican y clasifican los diferentes tipos de rocas ígneas.

Las diferencias en cuanto al color se deben principalmente a la presencia de minerales, mientras que las diferencias de textura (es decir, el tamaño de los cristales) se puede atribuir a los distintas velocidades de enfriamiento por parte del magma. Unas cuantas rocas, aquellas que poseen un alto contenido de minerales de color, se conocen como ultramáficas; las más habituales son rocas máficas oscuras y rocas félsicas de color claro. La roca llamada peridotita que forma el manto se clasifica como ultramáfica. Las rocas de basalto y gabro son máficas, y el granito es félsico. La corteza oceánica se compone de rocas ultramáficas y máficas. La corteza continental contiene toda clase de rocas, aunque principalmente consta de rocas félsicas de color claro, como el granito.

Los nódulos de peridotita se forman en el manto y se desplazan hacia arriba donde quedan atrapados en el magma basáltico ascendente.

La sienita es una roca intrusiva y félsica de grano grueso que contiene gran cantidad de feldespato pero poco cuarzo.

El granito, hallado frecuentemente en la corteza continental, es una roca intrusiva félsica que contiene minerales como el cuarzo.

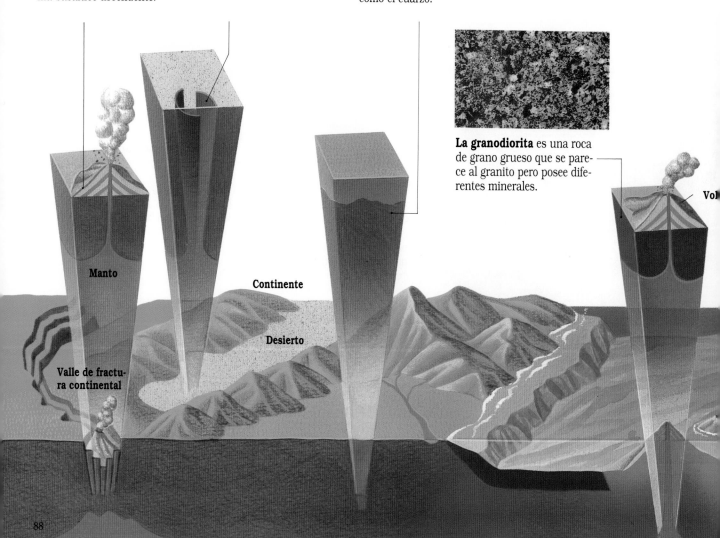

La granodiorita es una roca de grano grueso que se parece al granito pero posee diferentes minerales.

Manto

Continente

Desierto

Valle de fractura continental

Vol

Rocas intrusivas y eruptivas

Además del color, las rocas ígneas se clasifican según la textura o el tamaño del grano. Cuando el magma se enfría lentamente, los cristales minerales tienen tiempo de formarse antes de que el magma se solidifique, y la roca resultante posee un grano grueso. Como generalmente el magma se enfría más lentamente a grandes profundidades, las rocas intrusivas son de grano grueso. Cuando el magma se expulsa a la superficie, se enfría con más rapidez y los cristales tienen menos tiempo para formarse. Las rocas que se forman de esta manera son de grano fino, pueden tener una textura vítrea, y se clasifican como eruptivas o volcánicas.

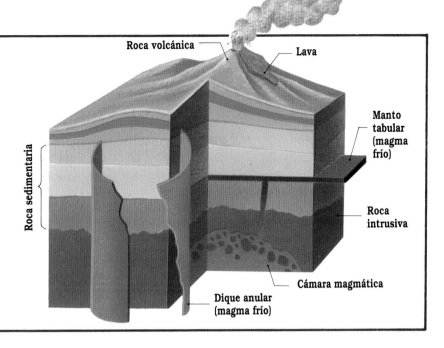

Roca volcánica

Lava

Manto tabular (magma frío)

Roca intrusiva

Roca sedimentaria

Cámara magmática

Dique anular (magma frío)

La riolita es una roca volcánica félsica que contiene grandes cristales de cuarzo o feldespato con una textura vítrea. Aparece en regiones de formaciones montañosas.

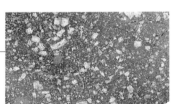

La andesita es una roca volcánica intermedia de grano fino, frecuente en las zonas de formaciones montañosas que rodean el océano Pacífico.

El basalto *(derecha)* es una roca volcánica, máfica y oscura con una textura vítrea. Se forma a lo largo de dorsales oceánicas y en las zonas calientes de la corteza, y supone el 90 % de todas las rocas eruptivas.

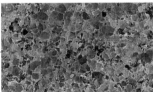

El gabro es una roca intrusiva oscura que, junto con el basalto, forma la corteza oceánica y la corteza continental inferior.

La peridotita es una roca ultramáfica de color verde oscuro, de la cual se cree que forma una parte importante del manto superior.

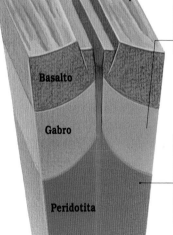

Basalto

Gabro

Peridotita

Arco de islas volcánicas

Fosa oceánica

Dorsal oceánica

Llanura abisal

¿Cómo se forman los diamantes?

Los diamantes son valiosos porque son muy escasos, ya que se forman sólo bajo condiciones de calor y presión intensos a una profundidad de 95 a 150 km en el manto superior. Estas gemas están hechas de carbono, que en una forma como la del grafito es bastante blando. Sin embargo, cuando el carbono se expone a temperaturas de 1.650 °C y presiones de 50.000 a 100.000 atmósferas (atm), se comprime formando una estructura dura y cristalina.

Los diamantes se producen principalmente en el seno de una roca conocida como kimberlita, nombre que proviene de una explotación minera diamantífera de Suráfrica. La kimberlita se forma en estructuras estrechas y en forma de columna que, a causa de la acción volcánica y la alta presión del gas, emergen rápidamente a la superficie.

Los diamantes en bruto tienen a veces los bordes redondeados.

Dónde se forman los diamantes

El gráfico de la derecha muestra la presión y las temperaturas que permiten la formación de diamantes. Estas condiciones se producen en el manto superior.

Tanto los diamantes como el grafito son formas cristalinas del carbono, aunque se forman bajo condiciones distintas *(izquierda)*. Además tienen una disposición de átomos diferente en su estructura cristalina.

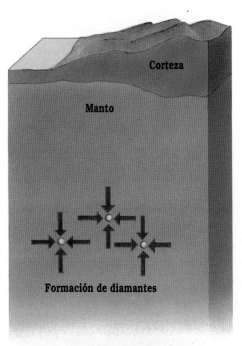

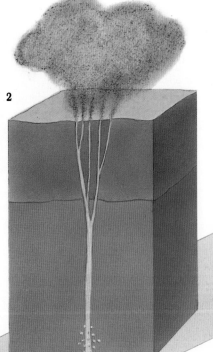

● La formación de las columnas de kimberlita

Según una teoría, los diamantes se forman en columnas volcánicas del manto (1). Una explosión de gas (2) lleva rápidamente el magma de kimberlita que contiene los diamantes a la superficie (3), donde se enfría enseguida (4). Es necesario tratar muchas toneladas de mineral de kimberlita para obtener tan sólo unos cuantos diamantes.

Esquema de una columna de kimberlita

La sección transversal de una columna de kimberlita de Suráfrica *(abajo, derecha)* muestra los materiales expulsados hace unos 70 millones de años, cuando la actual capa de la superficie estaba a más de un kilómetro de profundidad. La parte inferior de la columna puede extenderse hasta el manto superior. Además de diamantes, la matriz de kimberlita contiene fragmentos de roca del manto superior que permanecen prácticamente en su estado original, inalterados por el calor. La presencia de estas rocas sugiere que la kimberlita se abrió paso a través de las formaciones rocosas circundantes y transportó fragmentos en su precipitado viaje hacia la superficie.

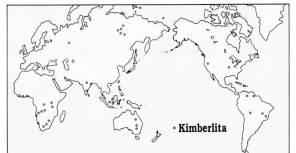

La producción de diamantes

Las formaciones de kimberlita que contienen diamantes se hallan en masas de tierra estables que se formaron hace más de mil millones de años y que no se han visto afectadas por los episodios de formación de montañas más recientes.

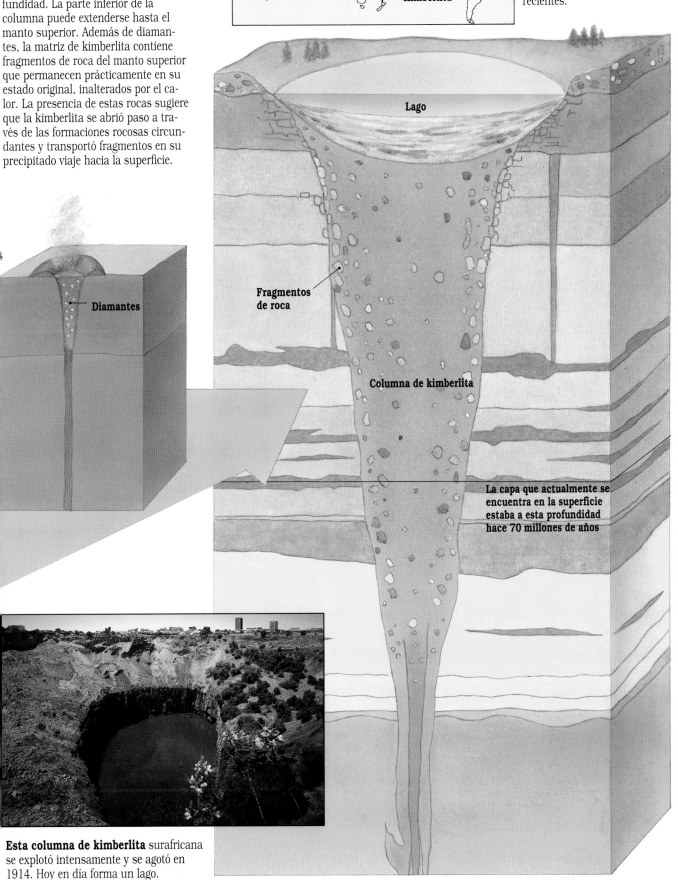

Diamantes

Lago

Fragmentos de roca

Columna de kimberlita

La capa que actualmente se encuentra en la superficie estaba a esta profundidad hace 70 millones de años

Esta columna de kimberlita surafricana se explotó intensamente y se agotó en 1914. Hoy en día forma un lago.

¿Qué les ocurre a las rocas con el paso del tiempo?

La Tierra recicla sus rocas. Sea como sea el modo en que se forma una roca, al final las fuerzas erosivas del viento y el agua la convierten en sedimentos clásticos tales como la arena y el limo. Los ríos depositan las partículas en el mar, donde forman nuevas rocas sedimentarias. El lento movimiento triturador de las placas de la Tierra también recicla las rocas. Tanto la roca ígnea como la roca sedimentaria del fondo del mar pueden romperse, para añadirse a una masa de tierra continental, o pueden verse arrastradas hacia abajo en las zonas de subducción que hay a lo largo de los bordes de las placas. Allí, el calor y la presión forman nuevas rocas metamórficas a partir de los escombros. Los levantamientos geológicos pueden devolver las rocas metamórficas a la superficie, donde vuelven a erosionarse. Este ciclo de creación y destrucción se desarrolla durante millones de años.

Un río se abre paso excavando a través del granito, después transporta las partículas erosionadas de la roca hasta el mar.

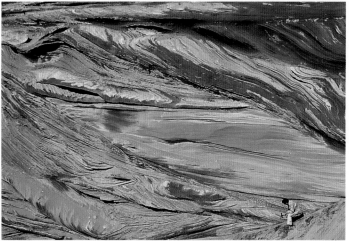

Unos sedimentos de arena arremolinada se conservan en capas de roca arenisca. El viento y las corrientes de agua transportan y sueltan partículas de arena, grava y limo, formando nueva roca sedimentaria.

El calor volcánico puede transformar sedimentos del fondo del mar tales como la limonita, en cornubianita, como en estos acantilados costeros.

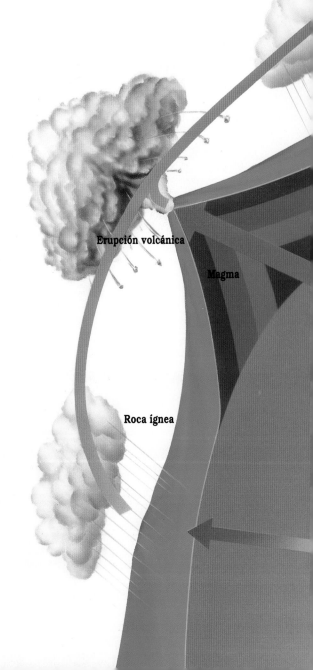

Erupción volcánica

Magma

Roca ígnea

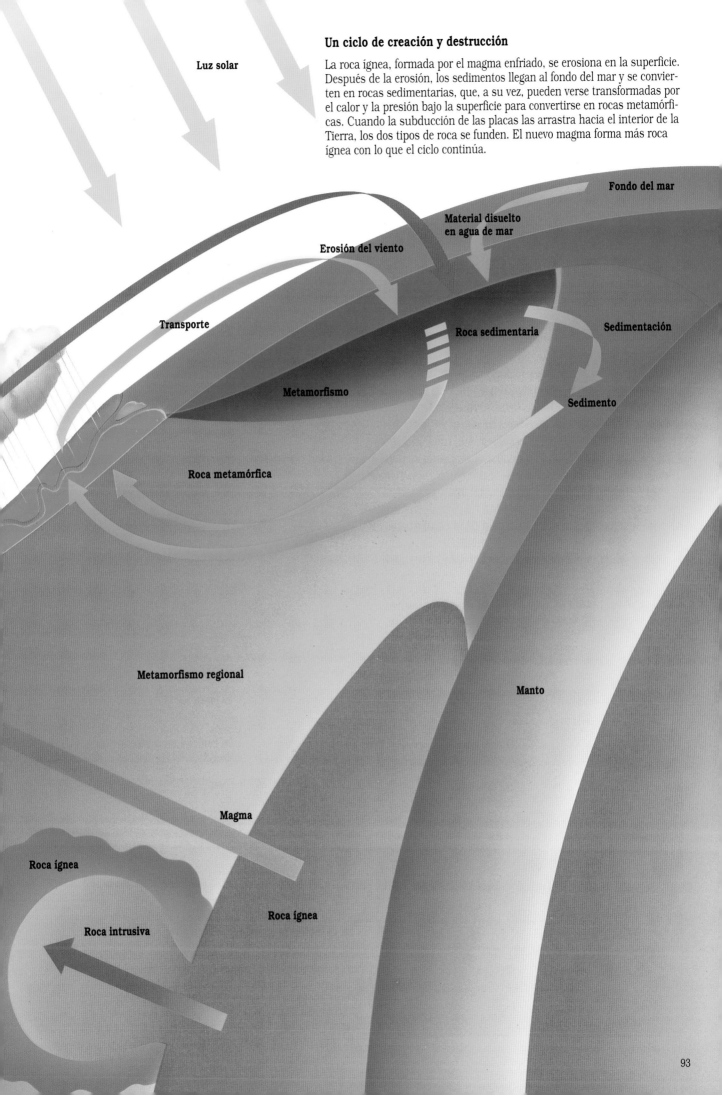

Un ciclo de creación y destrucción

La roca ígnea, formada por el magma enfriado, se erosiona en la superficie. Después de la erosión, los sedimentos llegan al fondo del mar y se convierten en rocas sedimentarias, que, a su vez, pueden verse transformadas por el calor y la presión bajo la superficie para convertirse en rocas metamórficas. Cuando la subducción de las placas las arrastra hacia el interior de la Tierra, los dos tipos de roca se funden. El nuevo magma forma más roca ígnea con lo que el ciclo continúa.

Luz solar

Fondo del mar

Material disuelto
en agua de mar

Erosión del viento

Transporte

Roca sedimentaria

Sedimentación

Metamorfismo

Sedimento

Roca metamórfica

Metamorfismo regional

Manto

Magma

Roca ígnea

Roca ígnea

Roca intrusiva

¿Cómo muestran las rocas la historia de la Tierra?

Desde sus orígenes hace 4.600 millones de años, la Tierra se ha transformado, desde el punto de vista geológico, repitiendo un ciclo de sedimentación y erosión. Las rocas conservan un registro de dicha transformación, aunque se trata de un registro imperfecto, desfigurado por espacios en blanco. Las rocas también registran la historia de la evolución biológica a través de los fósiles de organismos cuyos restos se conservan en sedimentos. A partir de las rocas y los fósiles, los geólogos pueden recomponer la historia del pasado de la Tierra.

Una capa de sedimentos uniformes revela que en la época en que se depositaron los sedimentos las condiciones ambientales se mantuvieron constantes. Un cambio en dichas condiciones puede alterar los sedimentos. Cuando los sedimentos suben a la superficie, pueden erosionarse. Si entonces las capas sedimentarias se vuelven a hundir, para quedar cubiertas por más sedimentos, el resultado es una discordancia, o un salto, en el registro geológico y fósil. El principio de superposición de los estratos determina que en las series de estratos, los inferiores son depositados primero –es decir, son más antiguos– y los estratos superiores son depositados posteriormente –por lo tanto son más modernos–. En cuanto a los fósiles conservados en la roca, se aplica el mismo principio. De este modo, se puede calcular la edad relativa de los organismos fosilizados. La determinación de la edad absoluta de las rocas y los fósiles requiere la medición de la abundancia relativa de elementos radiactivos en los estratos.

Una ventana al pasado se conserva en los estratos expuestos en el Gran Cañón del Colorado, al suroeste de Estados Unidos. Durante millones de años, el río Colorado ha esculpido un abismo de más de 1,5 km de profundidad. Los estratos expuestos por la erosión se remontan a la era precámbrica.

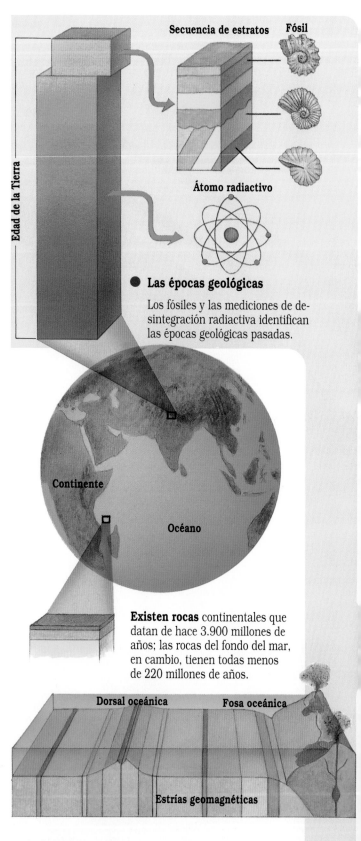

Las épocas geológicas

Los fósiles y las mediciones de desintegración radiactiva identifican las épocas geológicas pasadas.

Existen rocas continentales que datan de hace 3.900 millones de años; las rocas del fondo del mar, en cambio, tienen todas menos de 220 millones de años.

La datación magnética

Los indicadores geomagnéticos de las rocas del fondo del mar *(páginas 30-31)* forman diseños que indican la edad de la roca. Dichas pautas muestran que las nuevas rocas aparecen en dorsales oceánicas y se desplazan hacia fuera. Por consiguiente, la edad de las rocas ígneas del fondo del mar aumenta con la distancia a que se encuentran de las dorsales oceánicas.

La sedimentación de los estratos y la historia de la Tierra

La ley de superposición de los estratos indica a los geólogos la edad relativa de las rocas, mientras que la composición, estructura y fósiles hallados en las rocas revelan cómo y cuándo se formó cada capa. Las ilustraciones de abajo muestran cómo los científicos pueden recomponer el registro histórico examinando los estratos geológicos. En el primer paso (1), la grava, la arena y el limo han formado capas de sedimento sobre el fondo del mar. El movimiento de la corteza (2) inclina y levanta los sedimentos a la vez que expone los estratos a las fuerzas de la erosión. La subsidencia (3) devuelve los estratos al mar, mientras que una capa de ceniza volcánica provoca una discordancia en el registro. La materia orgánica descompuesta (4) produce más sedimentos hasta que otro levantamiento (5) convierte el pantano en un desierto erosionado. Más cambios (6) forman un paisaje fértil que descansa sobre la parte superior de los estratos que registran la turbulenta historia de la región.

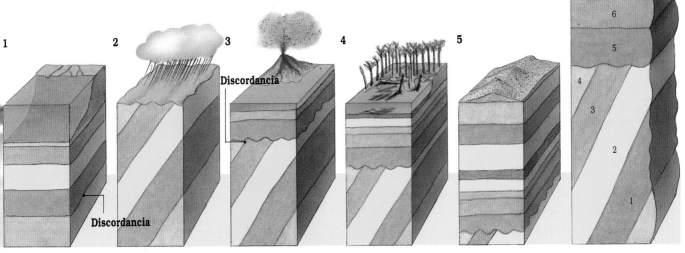

Los fósiles y los datos geológicos

Cada era geológica puede identificarse por un fósil indicador, es decir, un organismo común durante una época en particular. La tabla de la derecha muestra los períodos geológicos y sus fósiles indicadores.

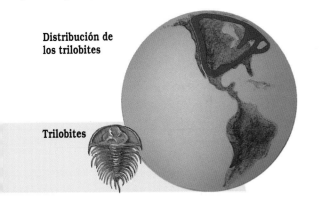

Distribución de los trilobites

Trilobites

Los períodos geológicos

enumerados abajo empiezan con el más antiguo, el Cámbrico.

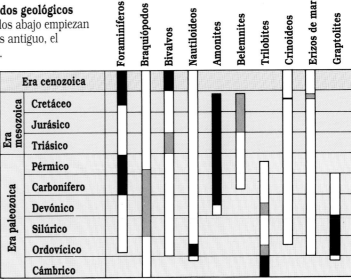

		Foraminíferos	Braquiópodos	Bivalvos	Nautiloideos	Amonites	Belemnites	Trilobites	Crinoideos	Erizos de mar	Graptolites
Era cenozoica											
Era mesozoica	Cretáceo										
	Jurásico										
	Triásico										
Era paleozoica	Pérmico										
	Carbonífero										
	Devónico										
	Silúrico										
	Ordovícico										
	Cámbrico										

La desintegración radiactiva y la datación

Algunos elementos poseen diferentes formas, o isótopos, con distinto peso atómico. Los isótopos inestables se desintegran formando otros elementos. Por ejemplo, el potasio-40 (K-40) se desintegra y da argón-40 (Ar-40). La vida media del K-40 es de 1.300 millones de años; es decir, dentro de 1.300 millones de años, la mitad del K-40 actual de una roca se habrá desintegrado dando Ar-40. La edad de la roca se puede determinar midiendo la relación entre el K-40 y el Ar-40 que contiene. El método potasio-argón se utiliza para fechar rocas más antiguas que unos miles de años. Entre otros isótopos utilizados para fechar están el rubidio-87/estroncio-87, y el uranio-238/plomo-206.

Para las rocas más jóvenes y la materia orgánica, los científicos suelen utilizar el carbono-14 (C-14), con una vida media de sólo 5.730 años. El carbono-14 se produce cuando los rayos cósmicos inciden sobre los átomos de nitrógeno-14 en el aire. Los seres vivos oxidan e incorporan continuamente el carbono a su organismo. Mientras los organismos están vivos, la relación entre C-14 inestable y C-12 estable (carbono-12) permanece constante. Cuando el organismo muere, el C-14 se desintegra y la abundancia relativa de los dos isótopos varía. Al determinar la relación entre la cantidad de C-14 y la de C-12 en los restos de un organismo, los científicos pueden calcular cuánto hace que vivió y murió.

Método uranio-plomo (U-Pb)

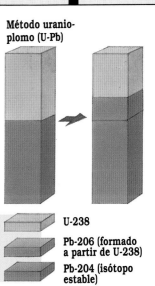

U-238

Pb-206 (formado a partir de U-238)

Pb-204 (isótopo estable)

6
La riqueza mineral de la Tierra

La Tierra es un tesoro de riquezas geológicas. La estructura entera de la sociedad, desde los microprocesadores hechos de silicio hasta los rascacielos de acero, debe su existencia a los minerales extraídos del planeta. El petróleo, el carbón y el gas natural, los combustibles fósiles que proporcionan la energía necesaria para que funcione la civilización, también son dones de la Tierra. Aun así estos dones tienen límite. A medida que crece la población mundial, el almacén de recursos naturales del planeta va menguando. Se pueden utilizar fuentes de energía alternativas como la luz del sol, el viento y los combustibles sintéticos, para complementar y quizá algún día sustituir el suministro existente de combustibles fósiles. Sin embargo, no existe un sustituto para los minerales. Por este motivo, los geólogos se están esforzando por mejorar sus métodos de búsqueda y extracción de depósitos minerales. El fondo oceánico, por ejemplo, alberga una gran cantidad de minerales que quedan más allá del alcance de la actual tecnología minera. A medida que los geólogos averiguan más cosas acerca del modo en que se forman estos minerales, mejoran en sus predicciones sobre el lugar en que pueden hallarse. Este proceso de investigación y descubrimiento se explica en las páginas siguientes.

Desde su apertura en 1865, la mina de Bingham y aquellas que la rodean, en el oeste de Estados Unidos, han producido más de 10 millones de toneladas métricas de cobre, así como 113.000 toneladas métricas de oro, plata, cinc y plomo.

¿Cómo se localizan los recursos subterráneos?

Los geólogos que buscan tesoros enterrados, ya sea una veta de carbón, un yacimiento de uranio o un filón de oro, inician normalmente su búsqueda con una técnica denominada prospección geológica. Según han averiguado, determinadas formaciones rocosas a menudo revelan la presencia de un yacimiento en particular. Por ejemplo, un mineral llamado kimberlita hace a veces de señal indicadora de los diamantes. Buscando afloramientos indicadores, formaciones rocosas subterráneas que sobresalen por encima de la superficie, los prospectores son capaces de identificar los emplazamientos más prometedores para la extracción. Pero los afloramientos visibles son escasos. E incluso cuando aparecen, proporcionan pistas tan sólo para la composición de la porción superior de la Tierra. Por ello, los geólogos han desarrollado unos métodos de estudio menos directos y mucho más perfeccionados. Los métodos para detectar las minúsculas variaciones de gravedad, radiactividad y magnetismo que emiten los filones de distintos recursos geológicos *(abajo)* sustituyen progresivamente la prospección geológica convencional.

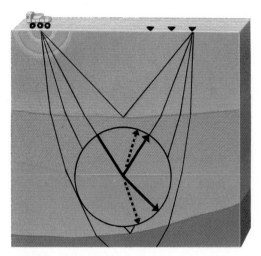

Estudios sísmicos. La exploración sísmica basada en las ondas reflejadas consiste en generar artificialmente ondas de choque *(arriba)* para sondear el interior de la Tierra. Mientras estas ondas se desplazan desde su punto de salida, encuentran varias capas de roca. Algunas de las ondas atraviesan los límites de la capa y se refractan. Otras, en cambio, vuelven reflejadas hacia la superficie, donde unos detectores miden su intensidad y el tiempo de llegada. Gracias a esta información, los geólogos pueden componer mapas verticales, como el que aparece aquí abajo, de la roca subyacente.

Prospecciones gravitacionales. Un yacimiento mineral revela a veces su existencia a través de efectos gravitacionales. La densidad del yacimiento a menudo difiere de la densidad de la roca que lo rodea, haciendo que la gravedad de uno sea más intensa que la del otro. Un dispositivo llamado gravímetro localiza el yacimiento detectando esta diferencia.

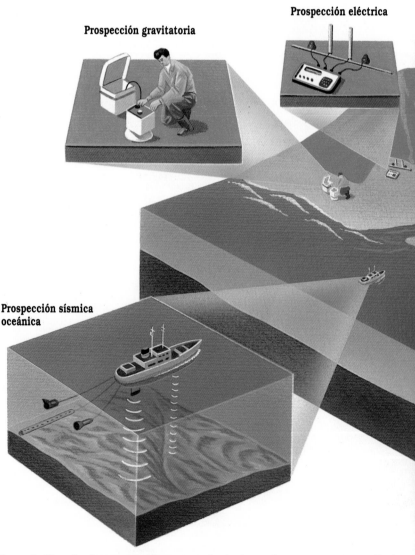

Prospección gravitatoria

Prospección eléctrica

Prospección sísmica oceánica

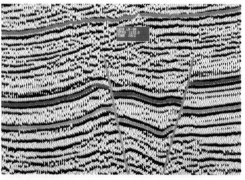

Lectura sísmica de un posible yacimiento de petróleo.

Los estudios sísmicos pueden llevarse a cabo tanto en el mar como en tierra. Dado que el 71 % de la superficie de la Tierra está cubierto por el mar, el fondo marino y la roca subyacente son una fuente potencialmente enorme de petróleo y riquezas minerales.

Prospecciones magnéticas. Los minerales como la magnetita, una combinación de hierro y oxigeno, provocan desviaciones localizadas en el campo magnético de la Tierra. Detectadas por un magnetómetro a bordo de un helicóptero, estas anomalías pueden conducir a los geólogos a minerales subterráneos.

Prospecciones de radiactividad. Muchos metales importantes, sobre todo el uranio, son radiactivos por naturaleza, y se pueden hallar por medio de aviones provistos de contadores Geiger detectores de radiación.

Teledetección. Los satélites han proporcionado un empuje de alta tecnología a la prospección geológica tradicional. Las sondas pueden representar la superficie de la Tierra de dos maneras: pueden fotografiar la superficie a la luz reflejada del sol (detección pasiva) o hacer reflejar ondas de radio en la superficie para realizar un mapa de radar, una técnica llamada detección activa. Las imágenes de satélite ofrecen una visión a gran escala de la estructura de la superficie.

Prospecciones químicas. Los minerales subterráneos pueden acabar lixiviados en las capas de agua cercanas o absorbidos por los vegetales. Un análisis químico del agua y la flora puede revelar la presencia de yacimientos minerales.

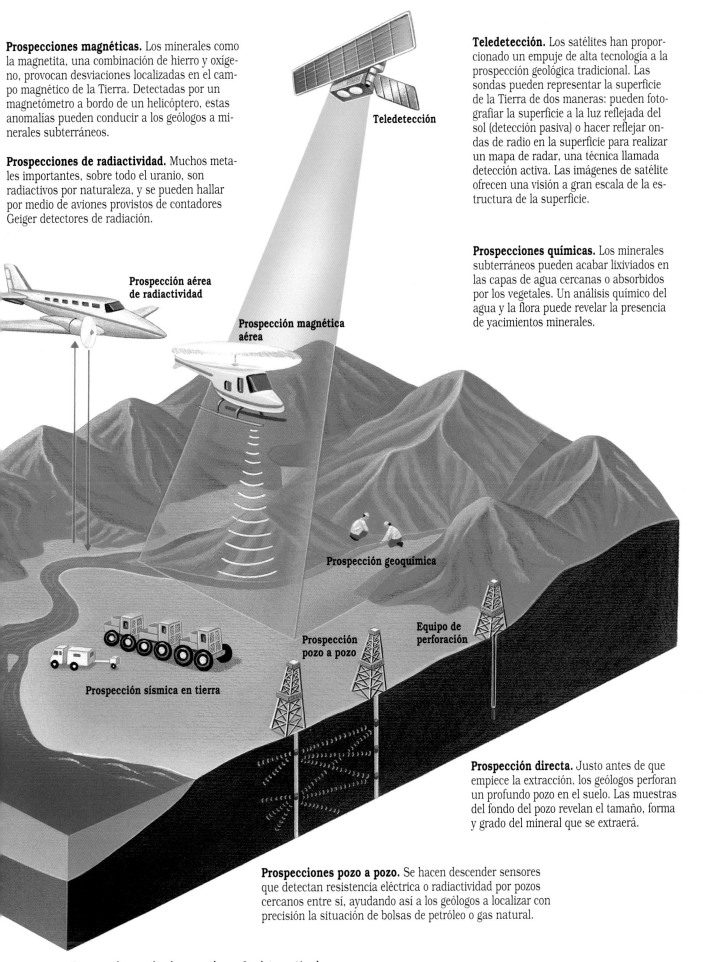

Teledetección

Prospección aérea de radiactividad

Prospección magnética aérea

Prospección geoquímica

Prospección pozo a pozo

Equipo de perforación

Prospección sísmica en tierra

Prospección directa. Justo antes de que empiece la extracción, los geólogos perforan un profundo pozo en el suelo. Las muestras del fondo del pozo revelan el tamaño, forma y grado del mineral que se extraerá.

Prospecciones pozo a pozo. Se hacen descender sensores que detectan resistencia eléctrica o radiactividad por pozos cercanos entre sí, ayudando así a los geólogos a localizar con precisión la situación de bolsas de petróleo o gas natural.

Prospecciones sísmicas en tierra. La detonación de una carga explosiva envía ondas de choque a través del suelo. Los detectores enterrados lejos de la fuente calibran la intensidad y el tiempo de llegada de las ondas, las cuales aportan información sobre la composición de las capas rocosas enterradas.

¿Dónde aparecen los yacimientos minerales?

La tectónica de placas, el proceso que da forma a la corteza de la Tierra, también determina dónde se forman los yacimientos minerales más ricos del planeta. Las placas de la Tierra se deslizan, chocan y se separan entre ellas, permitiendo que la roca líquida se eleve hasta la superficie. Mientras este magma se enfría, los minerales se cristalizan. Al mismo tiempo, el agua se filtra en las grietas, donde se sobrecalienta y disuelve algunos de los minerales. Luego el agua caliente asciende y se enfría, y los minerales disueltos precipitan en el exterior, formando importantes cantidades de minerales en vetas denominadas hidrotermales.

Aunque muchas vetas hidrotermales originalmente se hallaban a lo largo de los bordes de la placas submarinas, muchos de ellas acabaron quedando en tierra firme cuando estas placas convergieron y se elevaron para formar las cadenas montañosas de la Tierra. Los primeros mineros sabían, sin llegar a comprender por qué, el valor de hacer prospecciones en tales cordilleras. No fue sino hasta hace poco que los geólogos descubrieron que se pueden hallar vastos yacimientos minerales allí donde existían los bordes de las placas oceánicas. Si los científicos e ingenieros continúan perfeccionando las técnicas de perforación submarina, se podrán obtener riquezas minerales del océano en cantidades muy superiores a las extraídas en tierra.

La mena negra, un depósito hidrotermal común, es rica en sulfuros de cinc, plomo y cobre.

El berilo, que contiene berilio y aluminio, cristaliza a partir del magma que brota del interior de la Tierra.

El azufre, relativamente abundante en el interior de la Tierra, se forma en lugares de actividad tectónica, y a menudo cristaliza a partir de gases volcánicos.

La rodocrosita, otro depósito hidrotermal típico, contiene una gran cantidad de manganeso.

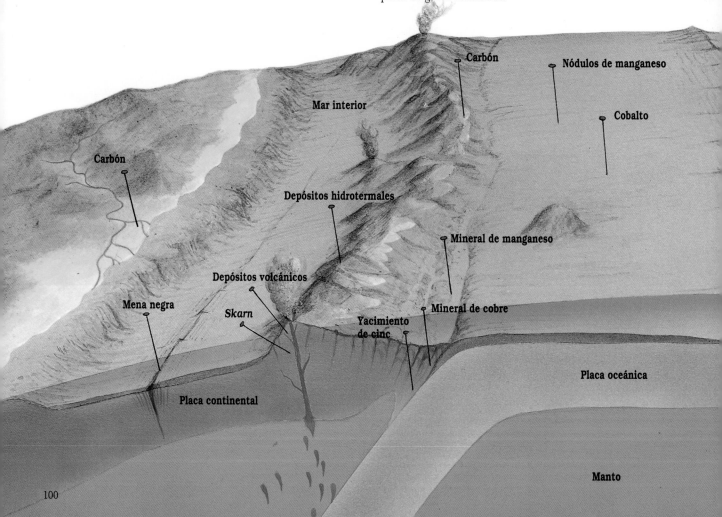

Desde el mar hasta la tierra. La fotografía de la parte superior derecha muestra un afloramiento de piedra caliza, una roca sedimentaria que se forma en aguas poco profundas y cálidas a partir de la acumulación de crustáceos muertos. Durante millones de años, este yacimiento fue impulsado hacia arriba cuando, al converger las placas continentales, se alzaron para formar el Himalaya. La montaña de sal gema de la parte inferior, a la derecha, se formó cuando las placas en movimiento aislaron un mar de agua salada; luego el agua salada se evaporó y la sal que contenía se precipitó.

El oro, un metal escaso que aparece en estado puro, surge en la superficie por la acción del agua caliente procedente de la profundidad de la Tierra.

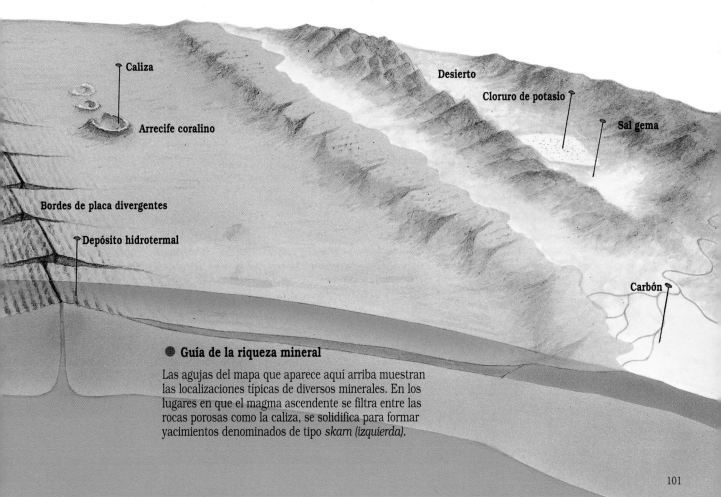

Caliza

Arrecife coralino

Desierto

Cloruro de potasio

Sal gema

Bordes de placa divergentes

Depósito hidrotermal

Carbón

● **Guía de la riqueza mineral**

Las agujas del mapa que aparece aquí arriba muestran las localizaciones típicas de diversos minerales. En los lugares en que el magma ascendente se filtra entre las rocas porosas como la caliza, se solidifica para formar yacimientos denominados de tipo *skarn (izquierda).*

¿Cómo se forman el petróleo y el gas natural?

Las reservas terrestres de petróleo y de gas natural son el legado del plancton y otros organismos marinos que se asentaron en el fondo oceánico hace millones de años. A medida que los sedimentos oceánicos se acumulaban sobre estos restos, se iban enterrando cada vez a mayor profundidad hasta que finalmente se descomponían en combustibles fósiles, es decir, las moléculas de hidrocarburos líquidos y gaseosos que pueden quemarse para obtener energía. En muchos casos, la deriva continental trasladó las rocas que contenían estos yacimientos hasta tierra firme. Las condiciones necesarias para la formación de petróleo y gas natural hacen que los yacimientos sean relativamente escasos. Por ejemplo, la temperatura del yacimiento no debe ser muy alta. La roca que lo cubre debe ser, además, bastante densa; de lo contrario, el yacimiento se filtraría hasta la superficie y se evaporaría.

Vapores de petróleo se queman en Ghawar (Arabia Saudí), el yacimiento petrolífero más grande del mund

Formación de los combustibles fósiles

▬ Sedimentos orgánicos ▬ Arenisca ▬ Roca arcillosa ▬ Sedimentos y materia orgánica ▬ Roca petrolífera

1. En la primera fase de la formación de los combustibles fósiles, el plancton vegetal y animal y otros organismos muertos se hunden hasta el fondo de un mar.

2. Materiales sedimentarios como el limo y la arena cubren los depósitos orgánicos; las bacterias los descomponen.

3. Las reacciones bacterianas y químicas convierten la capa orgánica del fondo en petróleo y gas, que se filtran a la roca superior.

Un planeta rico en petróleo

La Tierra en la era cenozoica

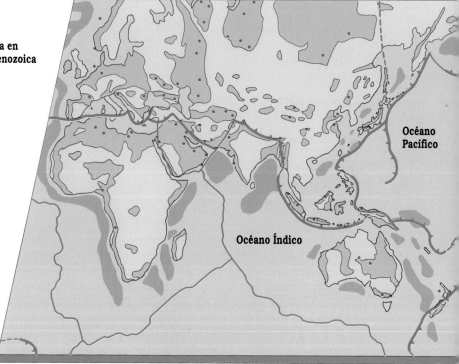

El mapa de la derecha muestra la localización de los sedimentos de 800 m de grosor necesarios para la formación de combustibles fósiles. El mapa de arriba revela cómo estaban configurados los continentes en los inicios de la era cenozoica, cuando se formó la mayor parte del petróleo y el gas.

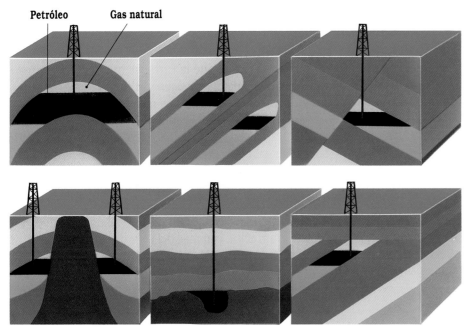

Petróleo   Gas natural

Seis combinaciones de petróleo y roca

A la izquierda aparecen unos esquemas de la distribución típica del petróleo en capas de roca. Aunque la roca arcillosa pueda contener considerables cantidades de petróleo y gas, no es lo suficientemente porosa como para que los combustibles se acumulen en grandes yacimientos explotables. Sin embargo, rocas como la caliza y la arenisca son muy porosas; cuando el petróleo alcanza estas "rocas almacén", resulta más fácil extraer el líquido. El gas natural, al ser mucho más ligero que el petróleo, se filtra hasta la parte superior de la capa de roca almacén.

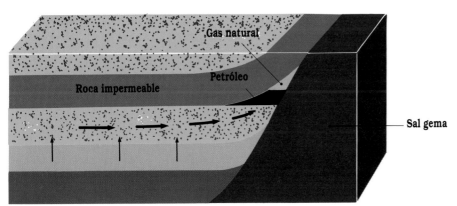

Gas natural

Roca impermeable   Petróleo

Sal gema

4. Ascendiendo a través de la arenisca y otras rocas porosas, el petróleo y el gas alcanzan finalmente una capa impermeable de roca densa. Los combustibles fósiles se acumulan en grandes depósitos bajo esta capa.

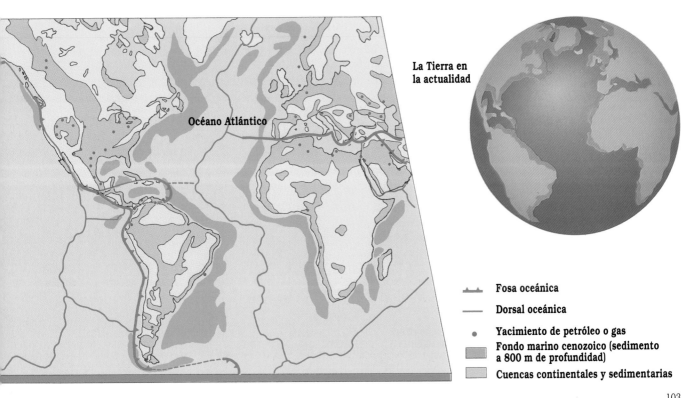

Océano Atlántico

La Tierra en la actualidad

⤙⤙ Fosa oceánica

── Dorsal oceánica

• Yacimiento de petróleo o gas

▨ Fondo marino cenozoico (sedimento a 800 m de profundidad)

▨ Cuencas continentales y sedimentarias

103

¿Cómo se forma el carbón?

Al igual que el petróleo y el gas natural, el carbón es un combustible fósil que se forma a partir de la descomposición de materia orgánica. Sin embargo, al contrario que sus semejantes líquido y gaseoso, el carbón es un sólido, por lo cual requiere una serie de condiciones distintas para formarse.

La mayor parte del carbón que se extrae hoy en día tuvo su inicio en el período Carbonífero, hace unos 300 millones de años. Durante esta época, los restos de helechos gigantes y otras plantas se acumularon en pantanos y a lo largo de los ríos, donde finalmente fueron cubiertos por sedimentos. Los restos, privados de aire, se descompusieron formando una sustancia blanda y musgosa llama-

da turba. A medida que la turba se hundía a más profundidad en el suelo, la presión y el calor cada vez mayores empezaron a expulsar sus moléculas de hidrógeno, oxígeno y nitrógeno. Finalmente, no quedó nada salvo una masa dura rica en carbono. Los geólogos clasifican el carbón según su contenido de carbono, el cual determina la cantidad de calor que aportará el carbón cuando se consuma. El lignito contiene la cantidad más pequeña de carbono y es el menos útil. La hulla, con más carbono, resulta más valiosa. El carbón más preciado es la dura y brillante antracita, con más del 98% de carbono.

El carbón en el período Carbonífero

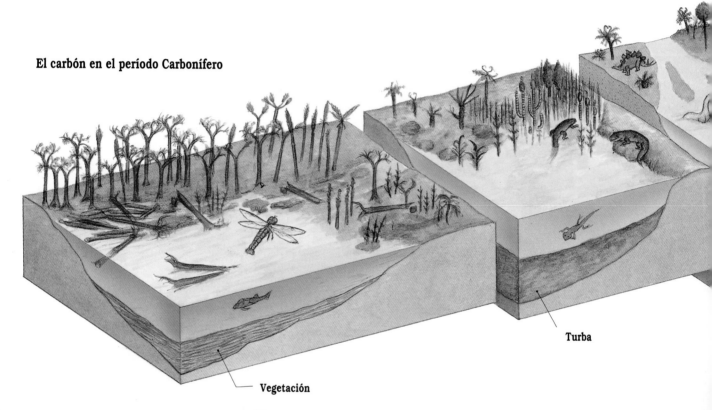

Turba

Vegetación

Bajo una presión y una temperatura muy elevadas, los restos vegetales depositados durante el período Carbonífero experimentaron una transformación de 300 millones de años que los convirtió en carbón. Tal como se ilustra en la secuencia de arriba, en primer lugar la materia orgánica se convierte en turba, y finalmente en antracita.

La Tierra contiene cerca de 8 billones de toneladas de carbón extraíble, del cual sólo se habrá explotado un pequeño porcentaje cuando termine el siglo XX. Como se muestra en el mapa de la derecha, unos dos tercios de las reservas de carbón conocidas del planeta se encuentran en Estados Unidos, Rusia y China.

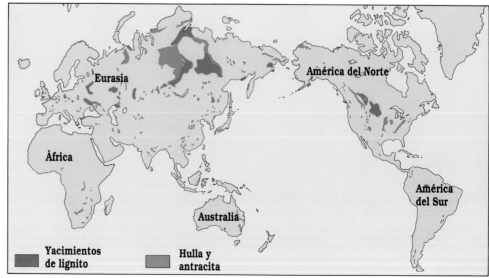

Eurasia

América del Norte

África

Australia

América del Sur

Yacimientos de lignito

Hulla y antracita

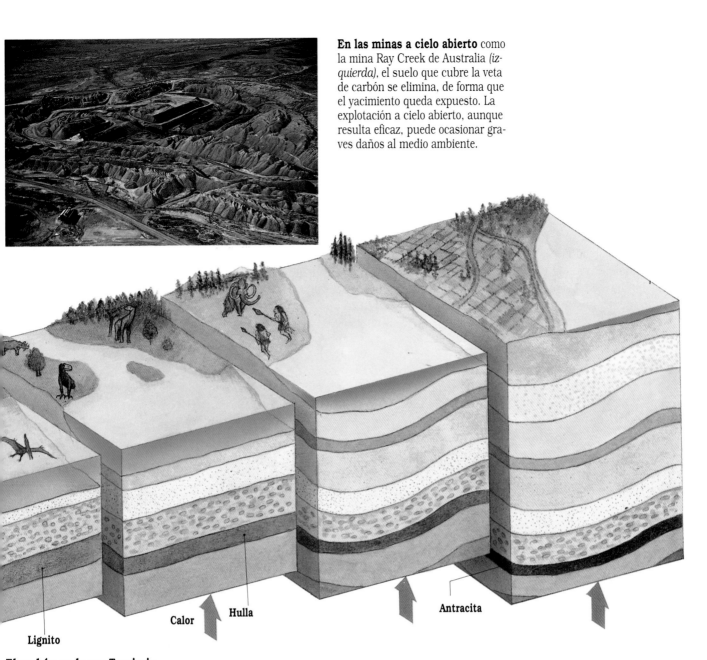

En las minas a cielo abierto como
la mina Ray Creek de Australia *(izquierda)*, el suelo que cubre la veta
de carbón se elimina, de forma que
el yacimiento queda expuesto. La
explotación a cielo abierto, aunque
resulta eficaz, puede ocasionar gra-
ves daños al medio ambiente.

Lignito

Calor   Hulla

Antracita

El carbón en la era Terciaria

El calor extremo acelera la conversión de materia orgánica
en carbón. Esto ocurrió en Japón *(abajo)*, donde los restos
vegetales depositados en una época reciente como el
Terciario, hace apenas 58 millones de años, formaron gran
parte del carbón del país.

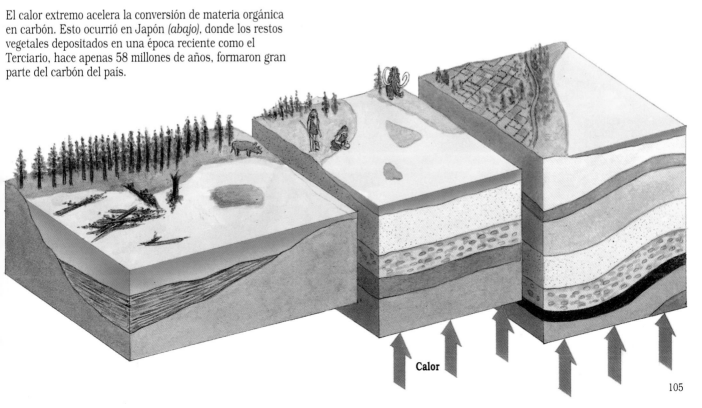

Calor

¿Qué son los depósitos hidrotermales?

A finales de la década de 1970, los oceanógrafos descubrieron pruebas de que bajo el mar existían unos vastos depósitos minerales, rebosantes de vida animal y vegetal. Estos depósitos, situados en dorsales oceánicas, toman forma cuando dos placas continentales se separan entre sí. Esto forma una serie de resquicios que quedan atascados por el magma que brota. Los resquicios también se llenan de agua de mar, la cual se calienta y queda saturada de minerales. Entonces el agua de mar caliente asciende y se enfría, tras lo cual las sustancias químicas disueltas precipitan en forma de minerales y se hunden hasta el fondo del mar. Los lugares donde se hallan estos minerales se llaman depósitos hidrotermales. Dado que son tan ricos en nutrientes, los depósitos hidrotermales sustentan colonias de bacterias y animales. Además se caracterizan por la presencia de fumarolas negras, volcanes en miniatura que expulsan agua caliente rica en minerales a través de unas chimeneas que atraviesan el magma solidificado.

▲ **Vista desde un sumergible,** una fumarola negra vomita agua de mar cargada de minerales.

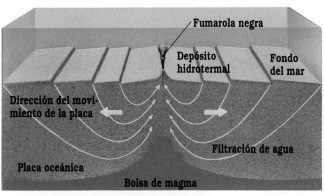

Los depósitos hidrotermales se forman a lo largo de la fisura donde divergen las placas oceánicas *(arriba)*. El espacio entre las placas se llena de magma cargado de sustancias químicas así como de agua de mar, la cual disuelve las sustancias químicas y las deposita en forma de minerales en el fondo del océano.

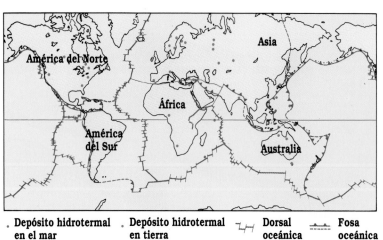

· **Depósito hidrotermal en el mar** · **Depósito hidrotermal en tierra** ⊣ **Dorsal oceánica** ⊣ **Fosa oceánica**

El mapa de arriba muestra la situación de los depósitos hidrotermales que se acumulan cerca de dorsales oceánicas en los océanos Atlántico y Pacífico y cerca del mar Rojo. Como los continentes se desplazan, los depósitos hidrotermales a menudo acaban en tierra firme.

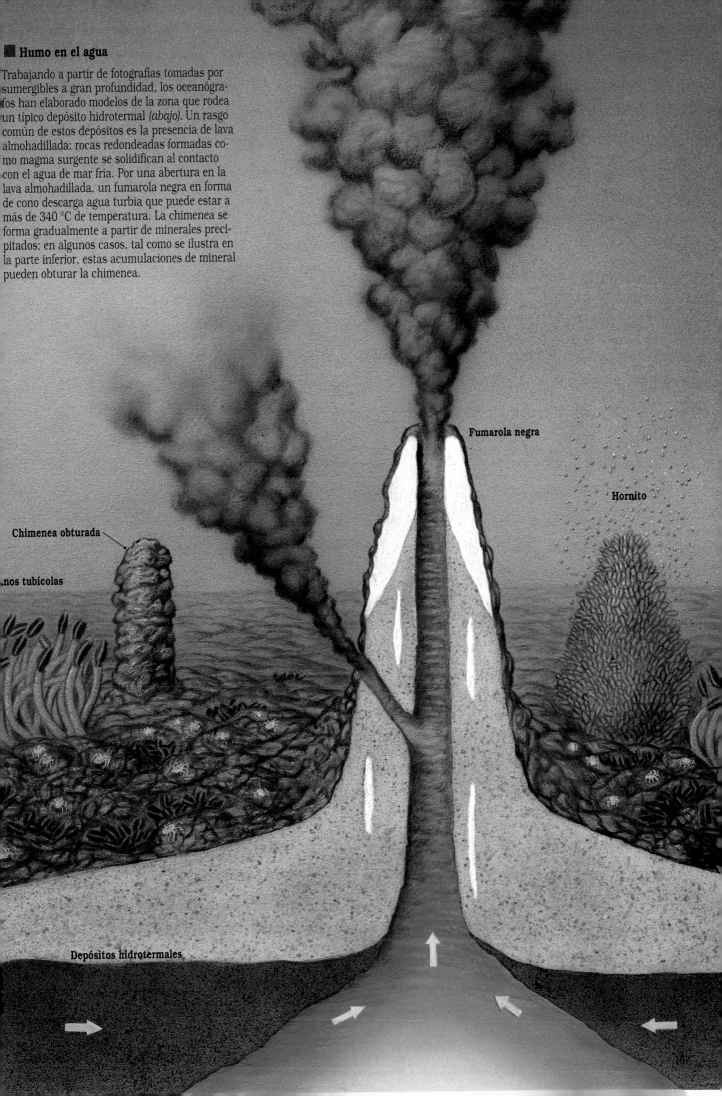

Humo en el agua

Trabajando a partir de fotografías tomadas por submergibles a gran profundidad, los oceanógrafos han elaborado modelos de la zona que rodea un típico depósito hidrotermal *(abajo)*. Un rasgo común de estos depósitos es la presencia de lava almohadillada: rocas redondeadas formadas como magma surgente se solidifican al contacto con el agua de mar fría. Por una abertura en la lava almohadillada, un fumarola negra en forma de cono descarga agua turbia que puede estar a más de 340 °C de temperatura. La chimenea se forma gradualmente a partir de minerales precipitados; en algunos casos, tal como se ilustra en la parte inferior, estas acumulaciones de mineral pueden obturar la chimenea.

Fumarola negra

Hornito

Chimenea obturada

nos tubícolas

Depósitos hidrotermales

7
Los océanos: escultores del planeta

Si la Tierra hubiera recibido el nombre por el aspecto de su superficie, hoy podría llamarse "Océano". Visto desde el espacio, el planeta brilla con un vivo azul, gracias a los mares y océanos que cubren casi tres cuartas partes de su extensión. En estas aguas se originaron las primeras formas de vida.

La vida en la Tierra ha evolucionado asombrosamente desde entonces, pero todavía depende de los océanos. Además de servir como fuente abundante de alimento, los océanos gobiernan la interacción de la tierra, la atmósfera y el agua que forma el clima del mundo. Los océanos, fuente y depósito último de las lluvias, ayudan a moderar las temperaturas planetarias. También purifican el aire: organismos como las algas azules absorben el dióxido de carbono y expulsan oxígeno. Los océanos, que antaño se consideraban ilimitados, ahora se ven como lo que son: vastos pero finitos, preciosos pero amenazados. La contaminación y la pesca en exceso han reducido su diversidad biológica. Dado que la vida en la Tierra está tan ligada al mar, la humanidad tiene un interés vital en proteger los océanos de más abusos.

Una ola gigante hawaiana rompe en la costa formando un clásico rizo. Hasta que ruge en este espectacular final, la ola puede haber viajado miles de kilómetros a través del océano Pacífico.

¿Cómo se formaron los océanos?

La historia de los océanos es también la historia de la Tierra. Cuando el joven planeta era todavía un caldo de magma burbujeante, el dióxido de carbono y el vapor de agua empezaron a ascender y a reunirse por encima del magma. Estos gases, junto a otros que escaparon cuando los planetesimales se estrellaron contra la Tierra, envolvieron el globo en una atmósfera espesa y primitiva.

Finalmente, los planetesimales dejaron de acribillar el planeta, y éste empezó a enfriarse. Por encima del magma se solidificó una corteza fina. Con el enfriamiento progresivo, el vapor de agua de la atmósfera se condensó y empezaron a caer lluvias torrenciales sobre la Tierra, que duraron decenas de millones de años. Se originó una inundación monumental. El agua de las tormentas fluía en grandes ríos que recorrían toda la faz del planeta, enfriándola, tallando cañones en la roca y corriendo hacia los niveles más bajos, donde se acumuló hasta formar las primeras cuencas oceánicas. En su recorrido, los ríos barrían las sales y otros minerales de la tierra y los llevaban hacia el interior del mar. Así fue cómo los océanos llegaron a ser salados. Las costas actuales no se dibujaron hasta miles de millones de años después, cuando las placas tectónicas de la Tierra en su continuo desplazarse situaron los continentes en su posición actual.

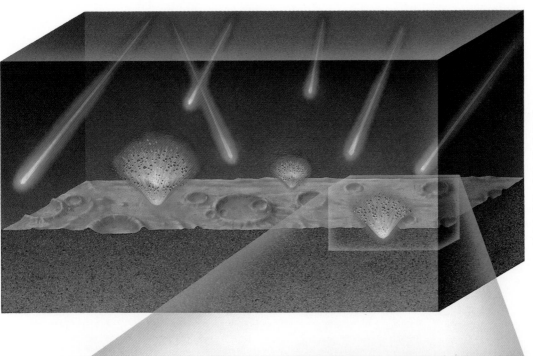

1. Hace 4.500 millones de años se formó un planeta rocoso a medida que fueron agrupándose escombros del Sistema Solar. Asteroides rocosos denominados planetesimales llovieron sobre la superficie estéril de la Tierra, abriendo cráteres y levantando toneladas de materiales.

2. Cada impacto fundía parte de la roca de la superficie, dejando libres gases encerrados en el interior y calentando la Tierra. Buena parte de este calor estaba retenido porque los escombros caídos formaron un manto aislante alrededor del planeta. A medida que continuaba el bombardeo, los gases liberados formaban los inicios de una fina atmósfera.

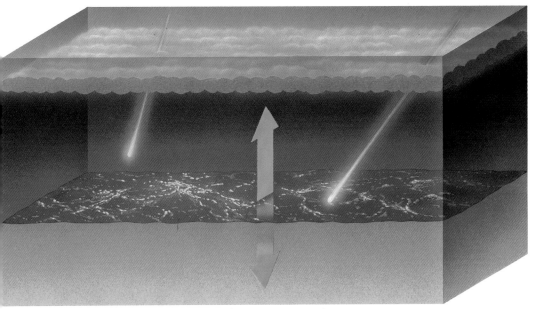

3. La gravedad de la Tierra empezó a atraer metales más densos, como el hierro y el níquel, hacia el interior para formar un núcleo. La energía generada por esta compresión gravitacional, junto con el continuo bombardeo de los planetesimales y la desintegración de elementos radiactivos a medida que eran arrastrados hacia arriba, calentaron aún más el planeta. La superficie de la Tierra se fundió y dejó escapar más gas. Las temperaturas se elevaron hasta que la superficie estuvo cubierta de lava.

4. Unas corrientes de convección, provocadas por el flujo del calor, hicieron circular lentamente la roca fluida y enfriaron el planeta hasta que, hace unos tres mil millones de años, se formó en la Tierra una corteza fina y rocosa salpicada de volcanes. El enfriamiento también hizo que se condensara la lluvia de la atmósfera. Las lluvias torrenciales empaparon el planeta, a la vez que empezaron a acumularse los océanos.

5. Después de decenas de millones de años, las lluvias empezaron poco a poco a disminuir, y las nubes se redujeron dejando así pasar la luz del sol hacia la superficie del planeta. Finalmente, después de eras enteras, las erupciones volcánicas submarinas y el movimiento de la corteza terrestre moldearon las cuencas oceánicas hasta darles la forma actual.

¿Qué hay bajo los océanos?

Los océanos esconden un terreno abundante en accidentes geológicos. Cadenas montañosas submarinas, mesetas y más de 10.000 volcanes se elevan en el fondo del océano. En algunos lugares, unas fosas profundas surcan el fondo marino; en otros, unas monótonas llanuras se extienden durante cientos de kilómetros.

Las cadenas montañosas submarinas, conocidas como dorsales oceánicas, cubren casi un tercio del fondo del mar. La extensión rápida del fondo de los mares *(páginas 30-31)* produce dorsales amplias y de poca altura, como la dorsal del Pacífico Oriental; una extensión más lenta forma cad‌nas más escarpadas, como la dorsal Centroatlántica. Las ⬛llas de transformación a lo largo de las dorsales produc‌zonas de fractura en forma de cañón, entre ellas la zona‍ fractura de Eltanin.

Allí donde la corteza oceánica se hunde en el manto, forma una fosa. La fosa del Challenger, dentro de la fosa‍ las Marianas, por ejemplo, es el punto más profundo de‍ Tierra. La mayor elevación de la Tierra es la isla volcánica‍ Hawai, que se levanta 10 km por encima del fondo del m‌

Si los océanos del mundo pudieran drenarse de algún modo, emergería un paisaje fabulosamente variado como el que se muestra a la derecha. La característica dominante es el sistema de dorsales oceánicas que circunda el globo terrestre. Otros puntos de interés geológico son la dorsal Noventa Este, recta como un flecha, una cordillera de picos submarinos formada cuando la placa del Índico se desplazaba sobre una zona caliente ya extinta, y la fosa Peruano-Chilena, cuyo fondo se encuentra a 13 km por debajo de los picos adyacentes de los Andes. Sin embargo, no todas las regiones del fondo marino resultan tan accidentadas: las llanuras abisales, compuestas de una corteza basáltica y sedimentos de los continentes cercanos, son las zonas más llanas del planeta.

Fosa de las Aleut‌

Fosa de las Kuriles

Fosa de las Marianas

Hawai

Dorsal Centroatlántica

Distribución de tierras y mares

Los océanos *(derecha, azul)* cubren el 71% de la Tierra y alcanzan una profundidad media de 3.700 m. La tierra *(verde)* cubre el 29% del globo y presenta una elevación media de 850 m. El punto más profundo es la fosa del Challenger, que se hunde 11.000 m bajo el nivel del mar; el pico más alto de la Tierra, el Everest, se eleva 8.850 m. El nivel medio de la corteza es de 2.440 m por debajo del nivel del mar. De este modo, si los continentes fueran nivelados para rellenar los océanos, la Tierra quedaría cubierta por agua a 2,5 km de profundidad.

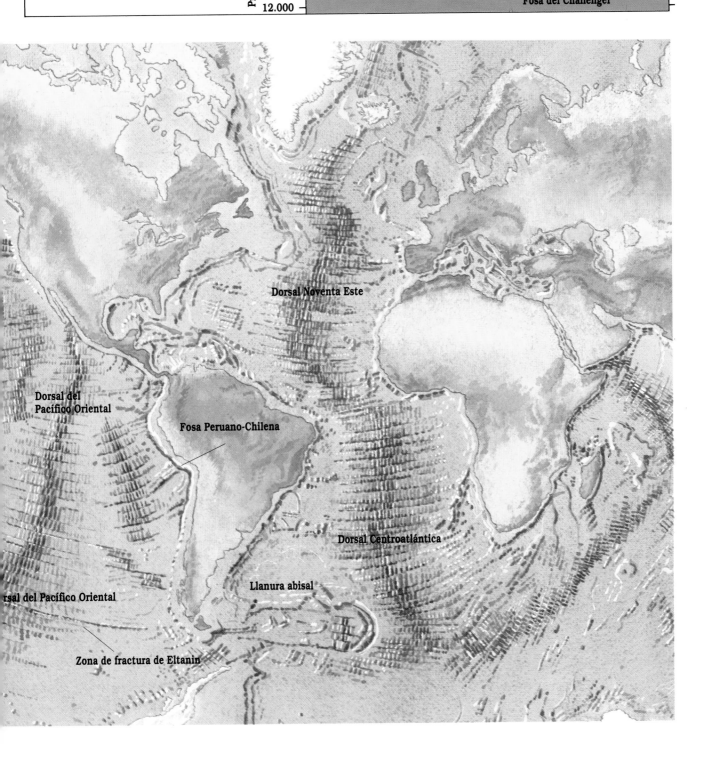

Profundidad/elevación en metros

9.000 — Everest

6.000 —

3.000 — Elevación media de la tierra

Nivel del mar

Nivel medio de la corteza terrestre

Profundidad media del océano

3.000 —

6.000 —

9.000 —

Fosa del Challenger

12.000 —

Dorsal Noventa Este

Dorsal del Pacífico Oriental

Fosa Peruano-Chilena

Dorsal Centroatlántica

Llanura abisal

rsal del Pacífico Oriental

Zona de fractura de Eltanin

¿Dónde terminan los continentes?

Los límites entre tierra y agua, claramente definidos, que aparecen en la mayoría de mapas no reflejan la verdadera forma de los continentes. Todas las grandes masas de tierra del mundo están bordeadas por una plataforma continental, un reborde sumergido e inclinado que puede extender el continente desde unos pocos kilómetros hasta más de 500 km más allá de sus costas. Sobre esta plataforma, los ríos depositan capas de sedimento, suelo y roca erosionados. Luego la acción de las olas barre el sedimento hacia el interior del mar. En el borde de la pla-

taforma continental está el talud continental, una caída abrupta, de 20 a 100 km de ancho, marcada por enormes cañones en forma de V. Más allá del talud continental, la elevación continental, a menudo con una extensión de varios cientos de kilómetros, desciende gradualmente hasta las profundidades de las llanuras abisales. La plataforma, el talud y la elevación continental (que se conocen a veces con el nombre colectivo de margen continental) forman juntos aproximadamente una cuarta parte de la superficie total de las masas de tierra.

El agitado borde del Pacífico

El margen continental que rodea el océano Pacífico presenta algunas características geológicas fascinantes. Las fosas oceánicas y los arcos de islas aparecen allí donde una placa tectónica coincide con otra placa y la hunde. Los guyots son unos picos submarinos de cima plana, antiguos volcanes sumergidos y erosionados. Los atolones se forman cuando los corales que crecen en las pendientes sumergidas de un guyot se elevan por encima de la superficie del océano, formando un anillo de islas.

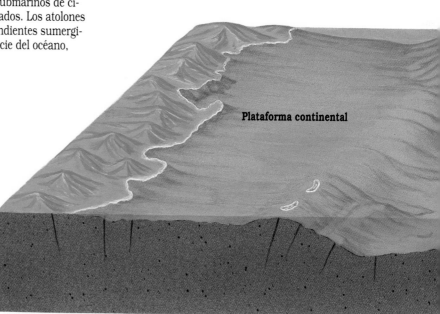

Plataforma continental

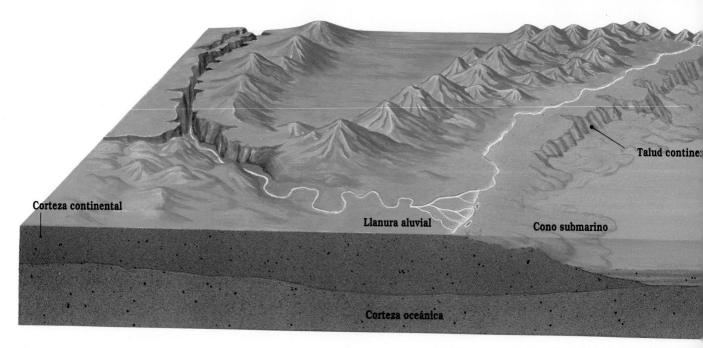

Corteza continental

Llanura aluvial

Cono submarino

Talud contine

Corteza oceánica

Diferencias marginales

La topografía de la plataforma continental reproduce la de la tierra cercana. Al pie de las empinadas costas montañosas que rodean el océano Pacífico, una plataforma estrecha y escarpada da paso a un profundo fondo marino, y a fosas aún más profundas. La costa del Atlántico, más suave, se caracteriza por una ancha plataforma cubierta de sedimentos.

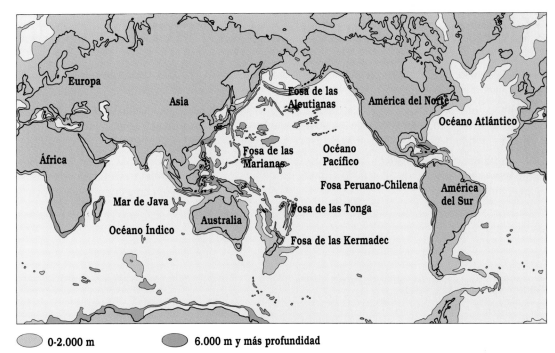

0-2.000 m   **6.000 m y más profundidad**

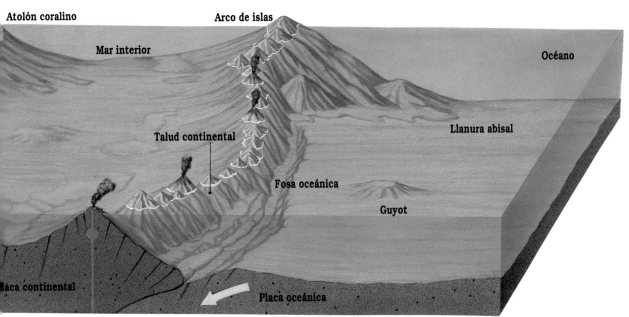

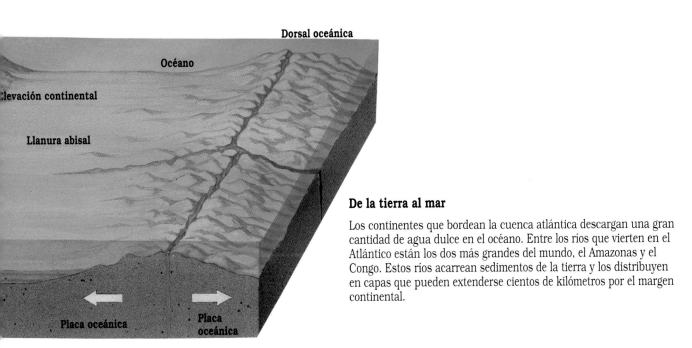

De la tierra al mar

Los continentes que bordean la cuenca atlántica descargan una gran cantidad de agua dulce en el océano. Entre los ríos que vierten en el Atlántico están los dos más grandes del mundo, el Amazonas y el Congo. Estos ríos acarrean sedimentos de la tierra y los distribuyen en capas que pueden extenderse cientos de kilómetros por el margen continental.

¿Cómo se forman las corrientes de fondo?

Las corrientes de fondo entran en movimiento a causa de la interacción entre la temperatura del agua de mar y su salinidad. Cuanto más fría y salada se pone el agua, más densa se vuelve; esto, a su vez, hace que el agua se hunda hacia el fondo del océano. En zonas de los océanos del mundo donde la temperatura es baja y la salinidad alta, existe una gran cantidad de agua de la superficie que fluye hacia el fondo.

Estas corrientes abisales, como se denominan, viajan por el fondo del mar más lentamente que las corrientes de la superficie, aunque desempeñan un papel más importante en la circulación del agua oceánica a nivel mundial. La circulación no sólo influye en la meteorología, sino también en la salud general de los océanos. El calentamiento global puede alterar estas corrientes, provocando consecuencias imprevisibles.

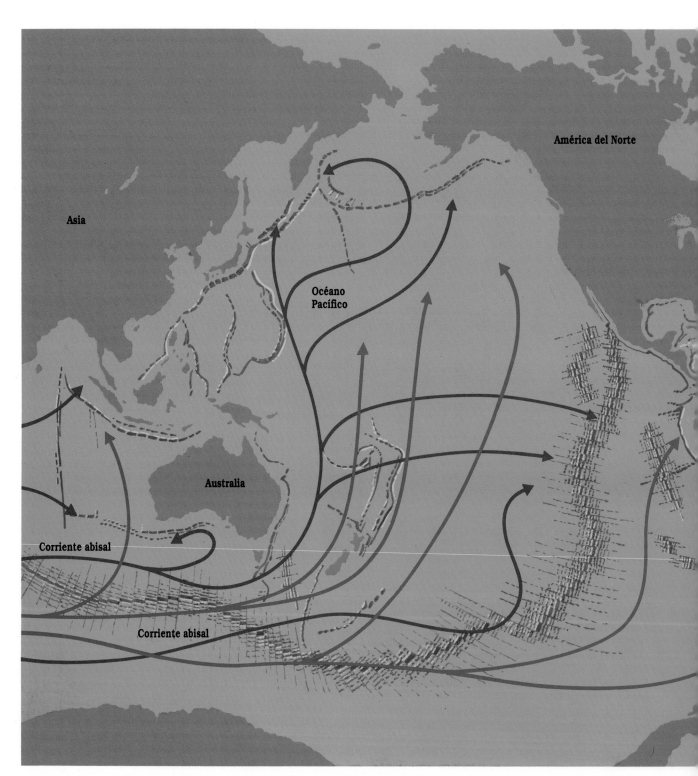

Temperaturas atlánticas

El corte esquemático de la derecha revela que una capa superficial de agua irradiada por el sol *(rosa oscuro)* se extiende unos 30° a norte y sur del ecuador. Esta capa caliente alcanza una profundidad de sólo 800 m. Por debajo de este punto, la temperatura del agua desciende bruscamente, para luego estabilizarse cerca del fondo. Las corrientes de las regiones polares tienen un acentuado efecto refrigerante.

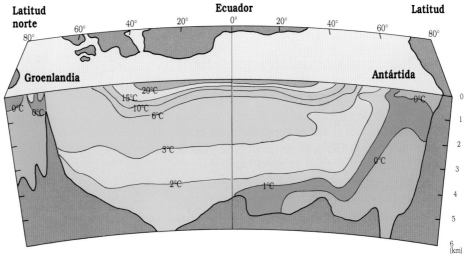

Flujos mundiales

Las corrientes de fondo que se originan entre Islandia y Groenlandia y en el mar del Labrador se desplazan en el sentido contrario a las agujas del reloj dentro del océano Atlántico antes de ir a parar al océano Índico. Las corrientes que se originan en el mar de Weddell viajan principalmente de un modo circumpolar, extendiendo ramificaciones hacia el Pacífico y el Atlántico.

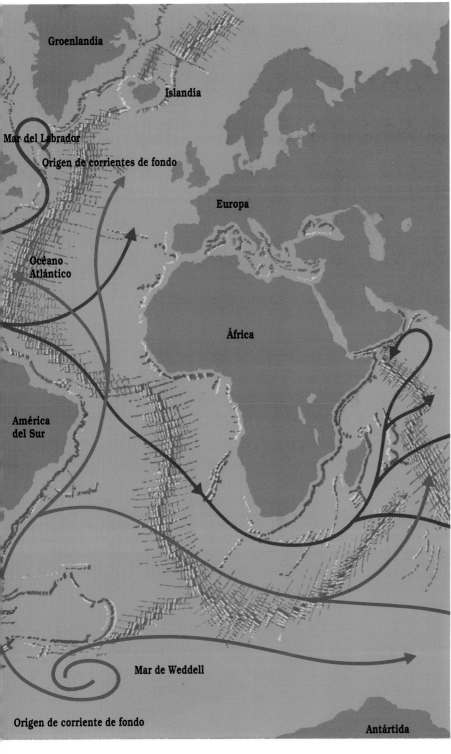

117

¿Por qué se producen las corrientes de superficie?

Los vientos dominantes son la fuente principal de las corrientes de superficie de los océanos. Los vientos ascienden porque el sol calienta el aire cercano al ecuador, haciendo que se eleve, se dirija hacia los polos, y vuelva a fluir hacia abajo. Cuando el aire se precipita hacia la superficie, la rotación de la Tierra lo desvía en el sentido de las agujas del reloj en el hemisferio Norte, o en el sentido contrario en el hemisferio Sur. A lo largo del ecuador, esto provoca vientos alisios, que conducen las corrientes ecuatoriales. En latitudes más altas, franjas de vientos (y corrientes) del oeste se alternan con franjas del vientos del este. En las principales cuencas oceánicas, las corrientes de superficie trazan grandes círculos, denominados giros, que transportan agua tropical cálida hacia los polos y agua fría del Ártico hacia el ecuador.

Diversidad de corrientes

Lluvia

Viento

Corriente de superficie

Corriente oceánica provocada
por el flujo de un río

Corriente
de fondo

El monzón metódico

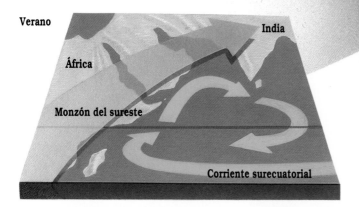

Verano

India

África

Monzón del sureste

Corriente surecuatorial

Invierno

Monzón del noreste

El movimiento anual norte-sur del sol altera de forma drástica la circulación atmosférica y las corrientes oceánicas. Durante el verano en el sur de Asia, los vientos predominantes conducen las corrientes de superficie en el sentido de las agujas del reloj, llevando consigo fuertes lluvias a la India. En invierno, los vientos corren desde el Himalaya; las corrientes corren en sentido contrario al de las agujas del reloj.

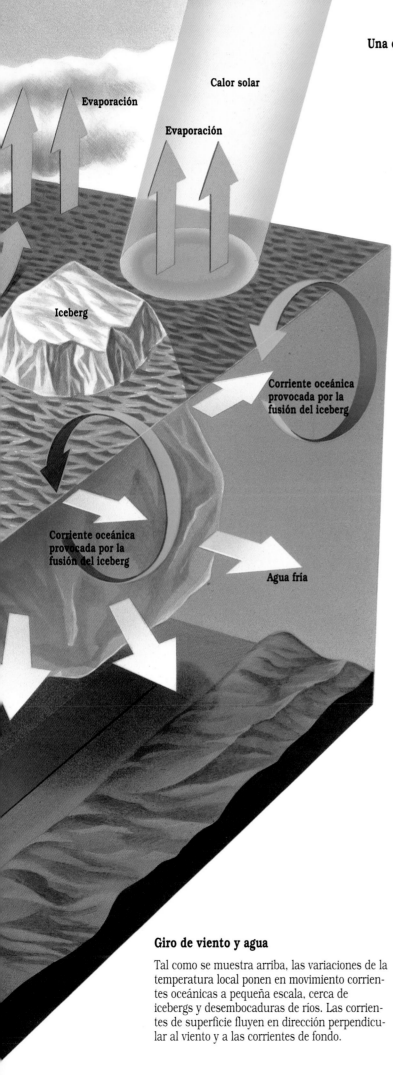

Evaporación

Calor solar

Evaporación

Iceberg

Corriente oceánica provocada por la fusión del iceberg

Corriente oceánica provocada por la fusión del iceberg

Agua fría

Giro de viento y agua

Tal como se muestra arriba, las variaciones de la temperatura local ponen en movimiento corrientes oceánicas a pequeña escala, cerca de icebergs y desembocaduras de ríos. Las corrientes de superficie fluyen en dirección perpendicular al viento y a las corrientes de fondo.

Una espiral que profundiza

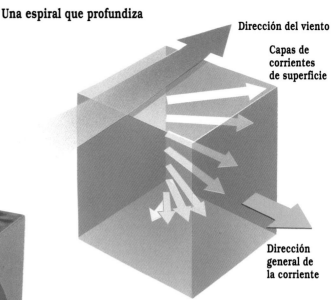

Dirección del viento

Capas de corrientes de superficie

Dirección general de la corriente

En la habitualmente denominada espiral de Ekman *(arriba)*, la rotación de la Tierra aleja cada capa sucesiva de agua oceánica de la dirección del viento *(flecha morada)*. A una escala global, este fenómeno, el efecto Coriolis, transforma las corrientes de aire *(flechas blancas, abajo)* en vientos alisios y del oeste *(flechas moradas)*.

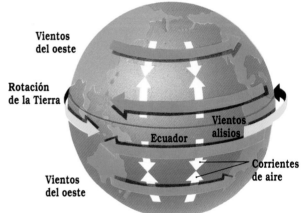

Vientos del oeste

Rotación de la Tierra

Ecuador

Vientos alisios

Corrientes de aire

Vientos del oeste

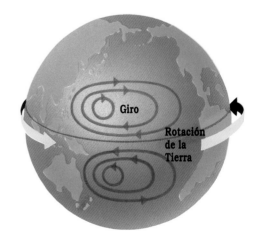

Giro

Rotación de la Tierra

Como enormes barricadas, los continentes obligan a las corrientes oceánicas a volver sobre su trayectoria. Las estructuras circulares resultantes, o giros, fluyen en el sentido de las agujas del reloj en el hemisferio Norte, y en el sentido contrario en el Sur.

¿Qué provoca las corrientes cálidas y frías?

La atmósfera es como un motor que funciona con energía solar. Tal como se muestra abajo, la radiación del sol produce unas células de convección, que dan lugar a vientos predominantes y corrientes oceánicas. Sin embargo, dado que el planeta está curvado y se inclina sobre un eje, la radiación calienta la Tierra de forma desigual. Las temperaturas superficiales en el ecuador superan las de los polos en 24° C. De este modo, las corrientes oceánicas que fluyen del ecuador son más cálidas que las aguas que las rodean; las del polo son por ello más frías.

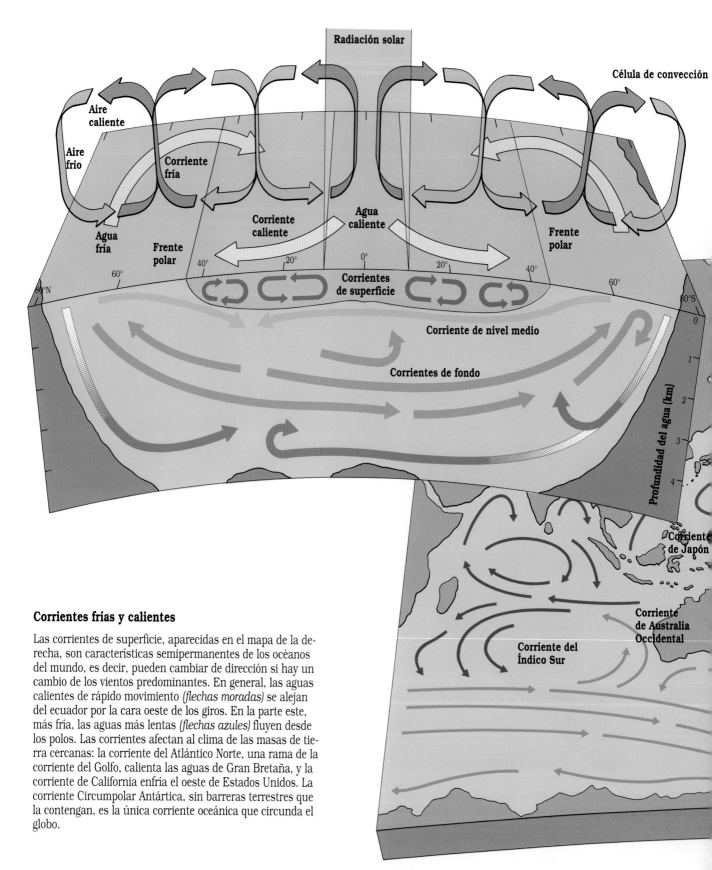

Corrientes frías y calientes

Las corrientes de superficie, aparecidas en el mapa de la derecha, son características semipermanentes de los océanos del mundo, es decir, pueden cambiar de dirección si hay un cambio de los vientos predominantes. En general, las aguas calientes de rápido movimiento *(flechas moradas)* se alejan del ecuador por la cara oeste de los giros. En la parte este, más fría, las aguas más lentas *(flechas azules)* fluyen desde los polos. Las corrientes afectan al clima de las masas de tierra cercanas: la corriente del Atlántico Norte, una rama de la corriente del Golfo, calienta las aguas de Gran Bretaña, y la corriente de California enfría el oeste de Estados Unidos. La corriente Circumpolar Antártica, sin barreras terrestres que la contengan, es la única corriente oceánica que circunda el globo.

Donde se eleva el agua fría

En determinadas zonas oceánicas cerca de los continentes, las brisas costeras impulsan grandes cantidades de agua de superficie lejos de la tierra. Esto hace subir agua procedente de corrientes profundas. El fenómeno, denominado afloramiento, contradice la conocida ley de que el agua fría se hunde: en este caso, asciende. Las aguas del fondo son ricas en nutrientes, de modo que el afloramiento proporciona alimento a los organismos microscópicos de las capas superiores de los océanos. Además ejerce un efecto moderador en la costa; en San Francisco, por ejemplo, se combinan el agua de mar fría y el aire caliente produciendo brumas de verano.

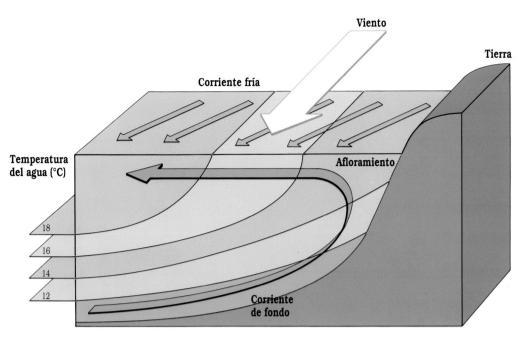

Principales corrientes de superficie

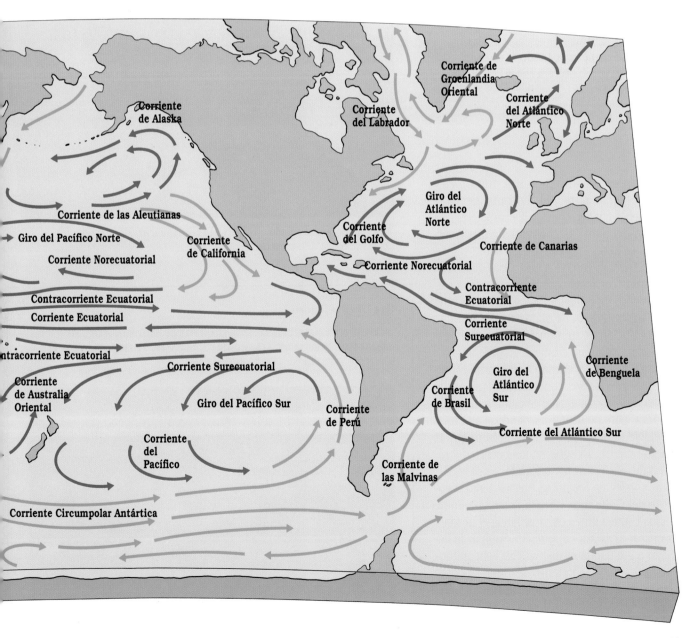

¿Cómo se forman los remolinos?

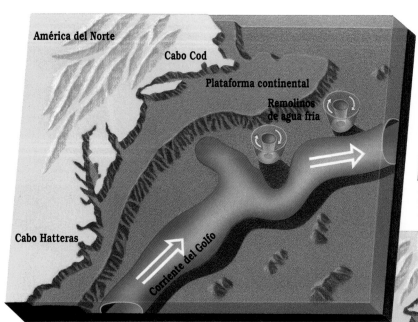

América del Norte

Cabo Cod

Plataforma continental

Remolinos de agua fría

Cabo Hatteras

Corriente del Golfo

América del Norte

Corriente del Golfo

Golfo de México

América del Sur

La corriente del Golfo fluye desde el golfo de México, continúa hacia el este y cruza el Atlántico.

Frente a la costa este de Estados Unidos, la cálida corriente del Golfo encuentra remolinos de agua fría *(arriba)*. A consecuencia de esto, la corriente del Golfo se desvía hacia el este, con lo que se forma un codo, que en este caso apunta hacia el sur.

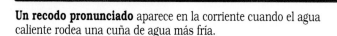

Agua fría

Las corrientes oceánicas no son uniformes y constantes en su curso. Al contrario, debido a los contornos continentales y las características del fondo del mar, las corrientes giran y serpentean, se bifurcan y retroceden sobre sí mismas, o se doblan como los meandros de un río. Cuando una corriente oceánica se desvía, a menudo provoca un remolino; estos remolinos pueden alcanzar 190 km de diámetro.

La evolución de un remolino, que se muestra en estas páginas, empieza cuando una corriente se desvía formando un recodo. Finalmente, el recodo se convierte en un anillo cerrado. Si luego la corriente cambia, el anillo se separa, pero continúa moviéndose a la misma velocidad (y en la misma dirección) que la corriente madre. El agua en los bordes del remolino fluye a 1,5 m por segundo.

Las corrientes oceánicas fuertes como la corriente del Golfo, que abraza la costa este de Estados Unidos antes de virar hacia el nordeste y cruzar el Atlántico, pueden cambiar la velocidad e incluso la situación con los cambios de temporada. La corriente de Japón *(página opuesta, parte superior)*, importante rasgo del pacífico Norte, sigue asimismo una ruta que cambia continuamente.

Un recodo pronunciado aparece en la corriente cuando el agua caliente rodea una cuña de agua más fría.

Una lugar peligroso

En el estrecho que separa las islas japonesas de Shikoku y Awaji, las fuertes mareas y un fondo marino escarpado remueven las aguas para formar el traicionero remolino de Naruto *(abajo)*.

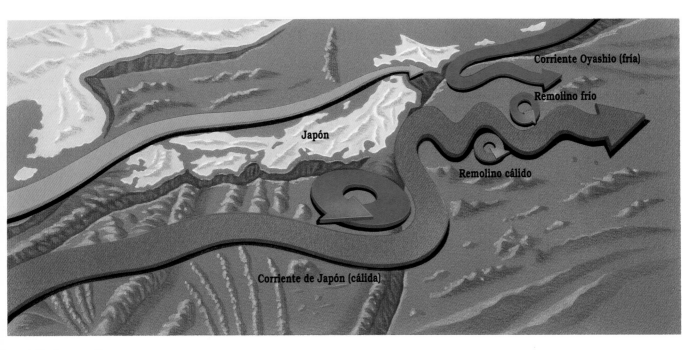

Revoltijo de remolinos

Junto a la costa de Japón, se unen dos corrientes para producir una serie de remolinos. La corriente de Japón, una corriente de agua caliente que fluye hacia el nordeste a ambos lados del archipiélago japonés, tropieza con la corriente de Oyashio, un flujo de agua fría que corre hacia el sur desde el Ártico. Los remolinos resultantes miden 190 km de diámetro. Los remolinos que giran al norte de la corriente de Japón son fríos; aquellos que se forman al sur de la corriente son cálidos.

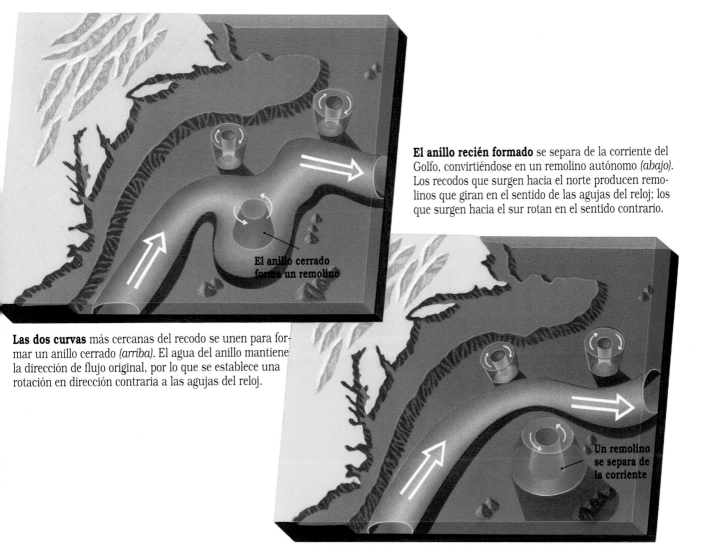

El anillo recién formado se separa de la corriente del Golfo, convirtiéndose en un remolino autónomo *(abajo)*. Los recodos que surgen hacia el norte producen remolinos que giran en el sentido de las agujas del reloj; los que surgen hacia el sur rotan en el sentido contrario.

Las dos curvas más cercanas del recodo se unen para formar un anillo cerrado *(arriba)*. El agua del anillo mantiene la dirección de flujo original, por lo que se establece una rotación en dirección contraria a las agujas del reloj.

123

¿Qué provoca "el Niño"?

Cada pocos años, la costa oeste de América del Sur se ve azotada por lluvias torrenciales e inundaciones. Mientras tanto, cerca de la costa, millones de peces mueren en unas aguas más crecidas y calientes de lo habitual. Este acontecimiento se denomina el Niño, en referencia al Niño Jesús, porque a menudo se produce en Navidad. La fuerza responsable del Niño es un cambio en la circulación atmosférica del océano Pacífico. Dicho océano, como una enorme bañera, está lleno de agua fría en el fondo y agua cálida que se balancea en la parte superior. Casi todos los años, los fuertes vientos alisios, que se desplazan de este a oeste, alejan el agua cálida de la costa de América del Sur *(derecha)*. Esto hace que un agua más fría, y rica en nutrientes, ascienda desde el fondo, alimentando así a inmensos bancos de peces.

Por contraste, en un año del Niño, los vientos alisios disminuyen de forma repentina *(abajo)*, permitiendo que los vientos del oeste impulsen el agua cálida de la superficie hacia el este. A lo largo de la costa suramericana, el agua cálida pobre en nutrientes no puede sustentar a los peces, ni a los organismos que se alimentan de ellos, con lo que sus poblaciones disminuyen de forma espectacular privando a la industria pesquera local de su esperada captura.

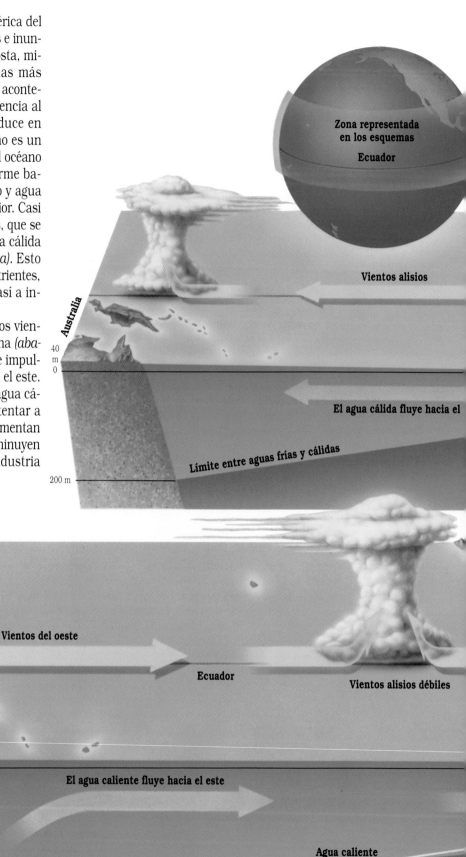

Zona representada en los esquemas
Ecuador

Vientos alisios

Australia

40 m
0

El agua cálida fluye hacia el

200 m

Límite entre aguas frías y cálidas

Vientos del oeste

Ecuador

Vientos alisios débiles

20 m
0

El agua caliente fluye hacia el este

Agua caliente

El límite frío-cálido asciende

Agua fría

200m

Los mapas de un desastre: el Niño de 1982

Los mapas de la derecha muestran la distribución de agua cálida durante el peor Niño de este siglo. En la primavera de 1982, aparecieron zonas cálidas junto a la costa de Ecuador y Perú *(parte superior)*. Seis meses después *(centro)*, se había acumulado a lo largo del ecuador una franja de agua cálida de 11.000 km de largo; las temperaturas de la superficie marina aumentaron más de 4° C por encima de lo normal, y las tormentas del Niño azotaron América del Sur. En la primavera siguiente *(parte inferior)*, las condiciones habían vuelto prácticamente a la normalidad.

América del Norte

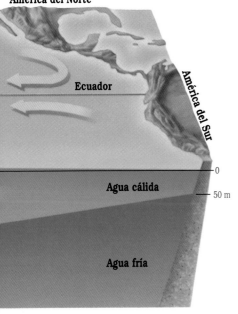

Comienzo del Niño: primavera de 1982

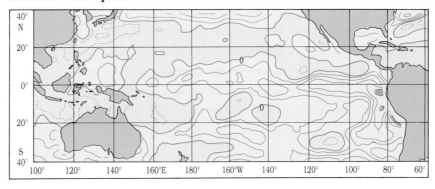

Punto culminante del Niño: diciembre de 1982

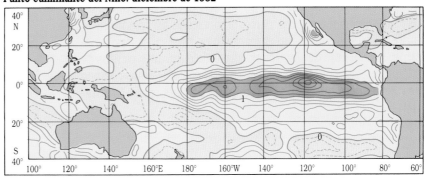

Declive del Niño: primavera de 1983

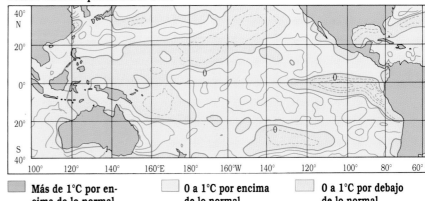

■ Más de 1°C por encima de lo normal **□ 0 a 1°C por encima de lo normal** **□ 0 a 1°C por debajo de lo normal**

Cada curva de nivel representa una diferencia de temperatura de 0,2°C

Tiempos no muy tranquilos en el Pacífico

El Niño se produce a partir de cambios en los sistemas climáticos de todo el Pacífico, pero sus efectos son más intensos en el ecuador. Normalmente *(izquierda, ilustración parte superior)*, las vientos alisios predominantes alejan el agua de la superficie de la costa peruana, empujándola hacia el oeste del Pacífico. Los vientos alisios fuertes también originan lluvias monzónicas portadoras de vida en el sur de Asia. No obstante, cuando los vientos alisios se debilitan, el agua caliente y el viento húmedo se trasladan hacia el este *(ilustración parte inferior)*, y se produce el Niño. Asia sufre sequías, mientras las lluvias caen sobre el océano o empapan los desiertos costeros de Ecuador y Perú. El agua caliente se acumula junto a la costa, obligando a que el agua fría se hunda.

¿Cómo viajan las olas?

Cuando el viento sopla de forma constante sobre una extensión de mar, transmite energía cinética –es decir, energía de movimiento– de las moléculas de aire a las moléculas de agua, provocando así las olas. Aunque las olas parecen transportar gran cantidad de agua mientras viajan, en realidad lo que hacen es que el agua de cualquier punto determinado gire alrededor de un centro fijo. Las partículas de agua que se elevan en la parte superior de su trayectoria forman la cresta de la ola; aquellas que se dirigen hacia abajo forman el seno.

En mar abierto, grupos de olas procedentes de distintas direcciones tienden a superponerse, produciendo así diseños aleatorios en la superficie. Sin embargo, bajo una sola brisa constante, las olas pueden marchar en paralelo durante cientos de kilómetros. A medida que se acercan a la costa, las olas rompen de una manera que viene determinada por la forma e inclinación de la playa.

Oleaje batiendo la base de una acantilado costero.

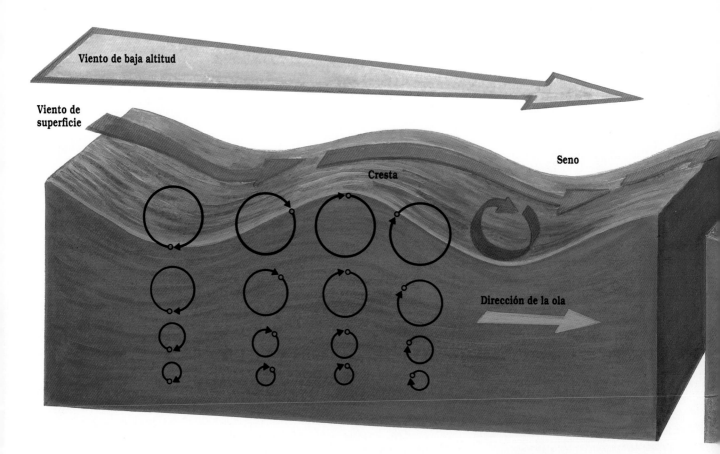

La vida de una ola

Al contrario de lo que puede parecer, las partículas de agua que mueve una ola en océano abierto *(arriba)* describen una trayectoria circular y no lineal. Dado que la energía cinética disminuye a medida que el agua es más profunda, el diámetro de los círculos se reduce con la profundidad. Al acercarse a la costa *(arriba, derecha)*, las partículas tienen menos espacio para moverse, y su trayectoria pasa a ser elíptica. La distancia entre las crestas o senos sucesivos de una serie de olas se conoce como longitud de onda. Al acercarse a la costa, la ola empieza a "tocar fondo" allí donde la profundidad del agua es inferior de la mitad de su longitud de onda. Cuando esto ocurre, las partículas de agua del seno son rebasadas por las de la cresta, y la ola rompe *(arriba, derecha alejado)*.

El rompiente es modelado por la costa

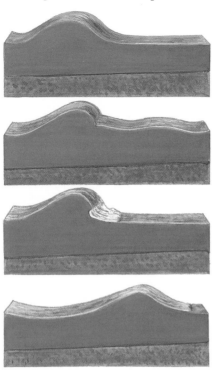

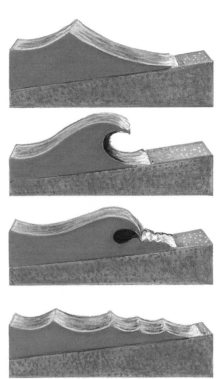

Cuando la zona próxima a tierra firme posee un fondo marino de pendiente suave, se produce un rompiente bajo. Las olas apenas tienen cresta; en su lugar, caen hacia delante formando una cascada espumosa y perdiendo energía al llegar hacia la costa.

Los rompientes elevados toman forma cuando una ola avanza sobre una costa de pendiente empinada. Dado que el fondo de la ola se frena más rápidamente que la parte superior, la ola gana altura, se curva hacia delante y golpea la costa.

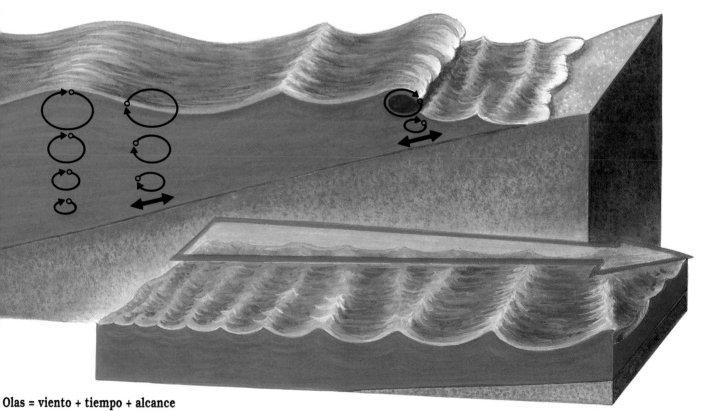

Olas = viento + tiempo + alcance

La altura de las olas depende de la fuerza, duración y "alcance", o distancia de viaje, del viento que las produce.

Las olas provocadas por una brisa constante son más altas al final del alcance del viento.

¿Qué son las mareas?

El Sol y la Luna ejercen atracciones gravitatorias en la Tierra, provocando que los océanos bajen y suban en ritmos diarios denominados mareas. Aunque el Sol es mucho más grande que la Luna, también está mucho más alejado de la Tierra; la atracción gravitatoria del Sol sobre la Tierra y sus océanos es, por tanto, menos de la mitad de fuerte que la de la Luna. Las mareas forman ligeros engrosamientos de agua en partes opuestas de la Tierra.

Mientras la Luna rodea la Tierra, los engrosamientos de la marea siguen su recorrido. Si la Tierra no girara alrededor de un eje, los engrosamientos completarían un circuito cada 27 días: el tiempo que tarda la Luna en dar una vuelta alrededor del planeta. Sin embargo, en realidad la Tierra al girar alcanza a los engrosamientos y pasa a través de ellos. En las costas oceánicas, esto produce subidas y bajadas de marea dos veces al día, produciéndose unos 50 minutos más tarde cada día. La diferencia entre el punto culminante de la marea alta y el de la marea baja se denomina amplitud de la marea.

Las atracciones combinadas de la Luna y el Sol producen habitualmente una amplitud de marea de 76 cm, pero la amplitud puede ser superior cuando la forma de la costa aumenta las mareas. En la bahía canadiense de Fundy, la inclinada costa y la entrada, en forma de cañón, a la bahía producen una amplitud de marea de 15 m.

▲ **El agua del mar cubre** una costa rocosa durante la marea alta *(arriba, izquierda)* y la deja descubierta durante la marea baja *(derecha)*. Estas charcas de marea contienen una rica gama de plantas y animales marinos.

● **El trabajo mareomotriz conjunto de la Luna y la Tierra**

Tanto la gravedad lunar *(flechas verdes, abajo)* como la fuerza centrífuga *(flechas amarillas)* contribuyen a las mareas oceánicas. Las dos fuerzas compensadas producen un efecto de marea neto que queda reflejado por las flechas rojas. La fuerza centrífuga surge del movimiento del sistema de la Tierra y la Luna alrededor de un centro de gravedad común *(parte inferior)*.

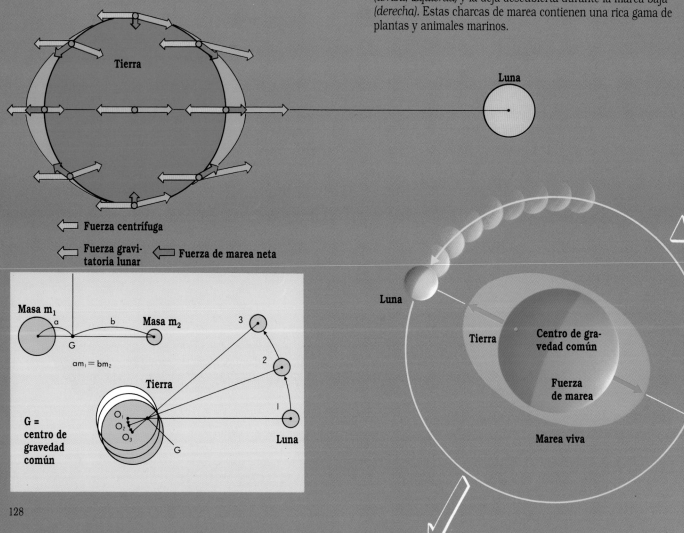

128

Las mareas en el Pacífico

Las amplitudes de marea de 1 a 1,5 m son comunes en el océano Pacífico, sobre todo en zonas donde una costa curvada encauza las aguas. Las curvas de nivel del mapa de la izquierda representan incrementos de 10 cm en la amplitud de marea, excepto alrededor de los puntos azul oscuro, donde se muestran variaciones de 5 cm. A lo largo de las costas cercanas a los puntos azules, las mareas son casi imperceptibles.

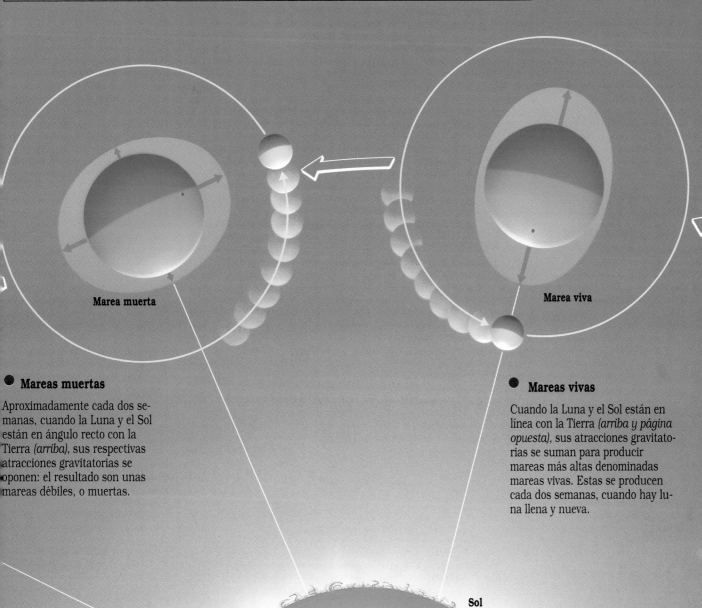

Marea muerta

Marea viva

Sol

Mareas muertas

Aproximadamente cada dos semanas, cuando la Luna y el Sol están en ángulo recto con la Tierra *(arriba)*, sus respectivas atracciones gravitatorias se oponen: el resultado son unas mareas débiles, o muertas.

Mareas vivas

Cuando la Luna y el Sol están en línea con la Tierra *(arriba y página opuesta)*, sus atracciones gravitatorias se suman para producir mareas más altas denominadas mareas vivas. Estas se producen cada dos semanas, cuando hay luna llena y nueva.

¿Por qué las olas de tormenta son tan devastadoras?

Las mareas tormentosas son unas mareas anormalmente altas provocadas no sólo por la Luna sino también por las tormentas tropicales que se forman sobre los océanos. Estas tormentas, denominadas tifones, ciclones o huracanes, generan vientos fuertes que empujan olas altas hacia la costa. Las mareas tormentosas que alcanzan el litoral durante una marea alta normal pueden hacer que el agua supere el nivel habitual de marea en 1 a 3 m. El ciclón puede también lanzar sobre la costa otra ola más potente: una ola de tormenta. La presión atmosférica muy baja que acompaña la tormenta permite que el nivel de agua del mar ascienda: cuando desciende la presión atmosférica, el agua de mar que está directamente debajo de las nubes de la tormenta se expande formando un engrosamiento de la superficie. Trasladándose bajo la tormenta, el engrosamiento provoca en la costa una sola inundación de media hora que puede superar el punto más alto de la marea alta normal en 6 m. Aunque sea breve, la ola de tormenta lo devasta todo a su paso.

Vientos fuertes, costas curvadas, graves problemas

Los vientos fuertes que soplan hacia la costa *(flecha morada)* durante varias horas por delante de un ciclón, empujan una marea tormentosa de grandes olas hacia tierra. Si la costa se adentra en el océano, como se muestra abajo, las olas se encauzan en una ensenada que se estrecha, y el aumento del nivel del mar resulta amplificado. Las mareas tormentosas pueden alcanzar la costa 800 km por delante del ciclón que la ha provocado.

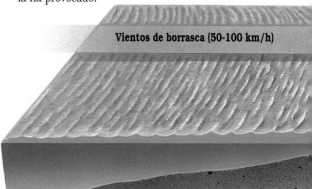

Vientos de borrasca (50-100 km/h)

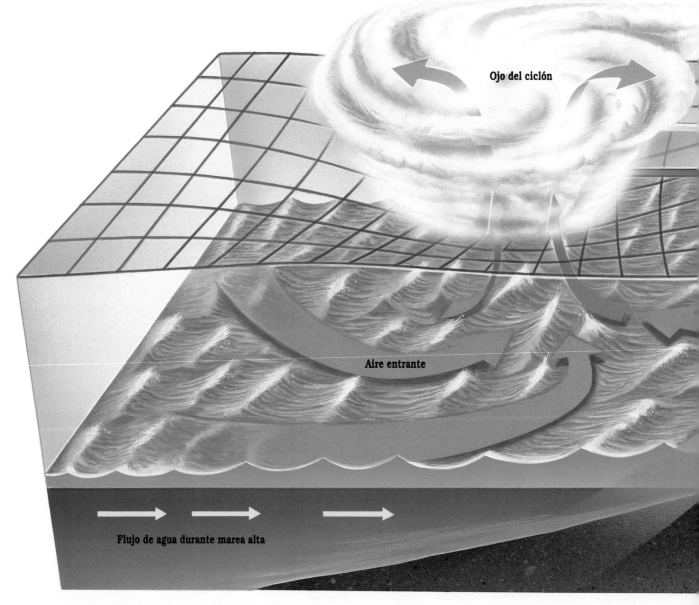

Ojo del ciclón

Aire entrante

Flujo de agua durante marea alta

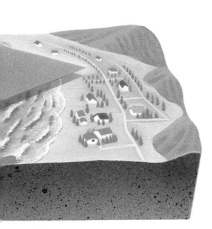

Despojada de paredes, una casa de Tejas, en el suroeste de Estados Unidos, forma una isla en una inundación provocada por el huracán Alicia en agosto de 1983.

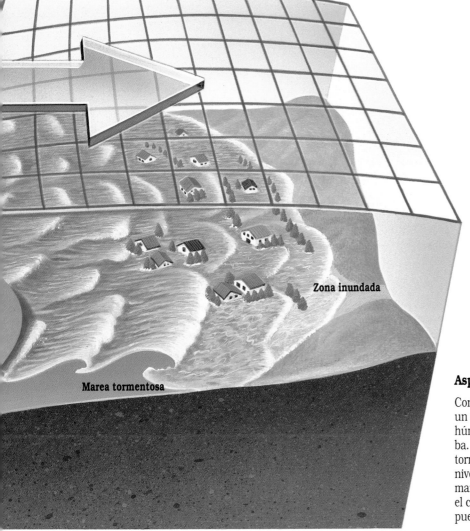

Zona inundada

Marea tormentosa

Aspirador gigantesco

Con unos vientos dando vueltas a 300 km/h, un ciclón *(izquierda)* absorbe el aire caliente y húmedo de la superficie del océano hacia arriba. La presión del aire del interior de la tormenta, que cae en picado, hace ascender el nivel del mar, mientras los vientos fuertes forman una ola de tormenta. Mucho antes de que el ciclón llegue a la orilla, la ola de tormenta puede haber derruido los edificios de la costa.

¿Qué tiene de particular el mar de los Sargazos?

El mar de los Sargazos, un mar dentro de un océano, es un remolino que gira lentamente en el norte del Atlántico, de un tamaño similar al de Estados Unidos. Los primeros marinos tenían pavor a esta extraña zona sin viento, temiendo que su navío a vela quedara sin esperanza a la deriva hasta que todos los tripulantes murieran de sed en un cementerio de barcos atascados por las algas.

Aunque es cierto que las aguas relativamente tranqui-las del mar de los Sargazos albergan flotillas de enmarañadas algas pardas, los barcos modernos, accionados por motor, no tienen nada que temer. Las corrientes circulares que rodean este mar, producidas por los vientos alisios y del oeste *(abajo)*, albergan ballenas, anguilas y muchos otros organismos marinos que pasan parte de su vida, por lo menos, entre las protectoras algas, en aguas que permanecen a unos moderados 18 °C durante todo el año.

Vientos y corrientes del Atlántico Norte

Los vientos predominantes conocidos como vientos alisios y del oeste rodean la Tierra *(flechas moradas, izquierda)*, moviendo el agua de mar en flujos circulares denominados giros *(parte inferior izquierda)*. En el norte del Atlántico *(derecha)*, estos circuitos de flujo de aire impulsan la corriente Norecuatorial, la corriente del Golfo y la corriente del Atlántico Norte. La rotación de la Tierra encauza el agua del océano hacia el giro del Atlántico Norte, formando el calmado Mar de los Sargazos en el centro.

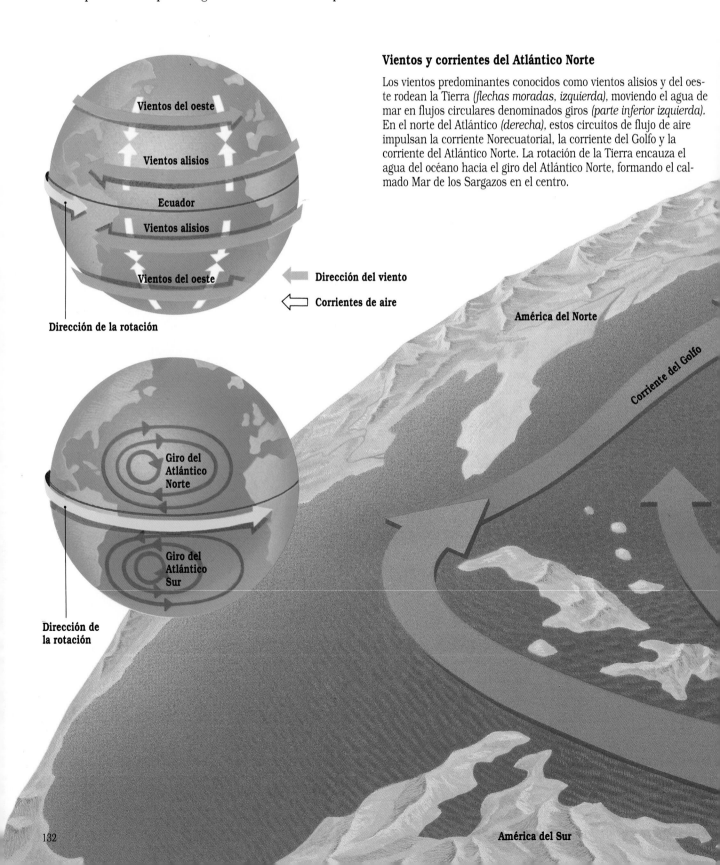

Vientos del oeste

Vientos alisios

Ecuador

Vientos alisios

Vientos del oeste

Dirección de la rotación

Dirección del viento

Corrientes de aire

Giro del Atlántico Norte

Giro del Atlántico Sur

Dirección de la rotación

América del Norte

Corriente del Golfo

América del Sur

La misteriosa calma del mar de los Sargazos

El mar de los Sargazos *(abajo)*, con sus aguas perfectamente claras, cielo soleado y aire artificialmente tranquilo, infundía a los primeros navegantes una temible sensación de haberse perdido en un reino encantado.

Una parcela sin nubes distingue el mar de los Sargazos en una fotografía de satélite. Las altas presiones habituales sobre esta porción del Atlántico mantienen al mínimo el nivel de precipitaciones.

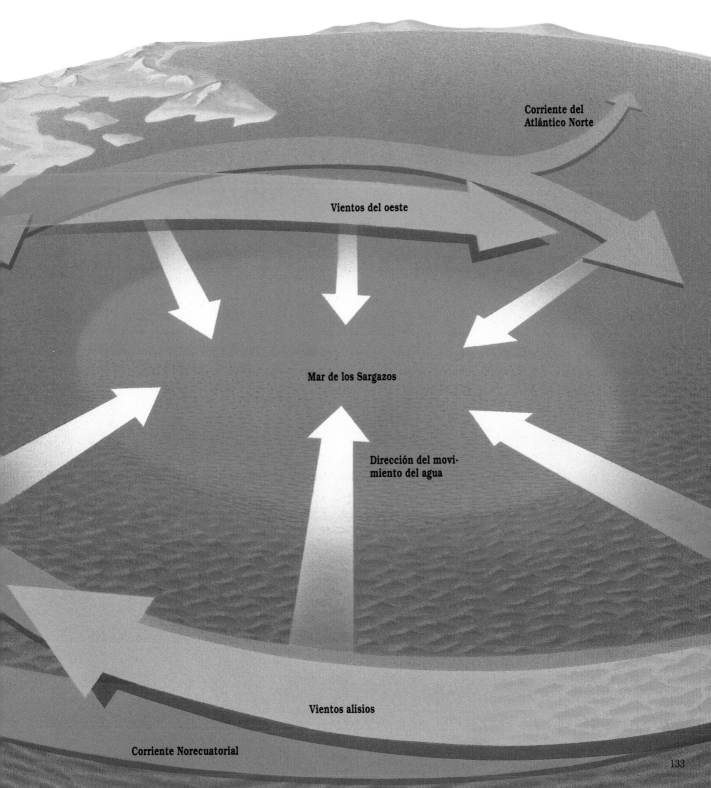

133

¿Varía el océano con la profundidad?

Aunque los océanos están en constante cambio, determinadas características apenas varían. La cantidad de sal (salinidad) en el agua, por ejemplo, generalmente está entre el 34 y el 36 por mil, mientras que las temperaturas rara vez superan los 35 °C ni caen por debajo de los 0° C. Las abrumadoras altas presiones hacen que sea difícil, si no mortal, que los humanos se aventuren directamente en las profundidades del océano. Sin embargo, con el uso de aparatos e instrumentos controlados a distancia, los investigadores han recogido las lecturas de salinidad y temperatura que se ilustran en estas páginas. A cierta profundidad, en todos los océanos existe una marcada división de temperatura, denominada termoclina, por debajo de la cual el agua es apreciablemente más fría y densa. La mayor parte de los rayos del sol son absorbidos por el agua en la capa de convección, es decir, aproximadamente los 450 m superiores del océano, donde las corrientes y la acción de las olas garantizan un intercambio de calor constante. Debajo de este límite, sin embargo, en la zona estratificada que se extiende hasta el fondo del océano, el aspecto y ambiente de los océanos cambia de forma radical. El agua quieta y fría está iluminada sólo de forma débil, o ni siquiera iluminada. A una profundidad de unos 900 m, el agua, más fría y salada, hace que las ondas sonoras viajen a menor velocidad que en la superficie. Pero en el fondo del océano, las altas presiones anulan estos factores, y las ondas sonoras pueden en realidad viajar más rápido que en la superficie.

El agua del mar aparece azul porque absorbe las longitudes de onda rojas de la luz solar y dispersa las azules.

Salinidad (por mil)

36,0	36,0 ~ 35,5	35,5 ~ 35,0	35,0 ~ 34,5	34,5 ~ 34,0	34,0	

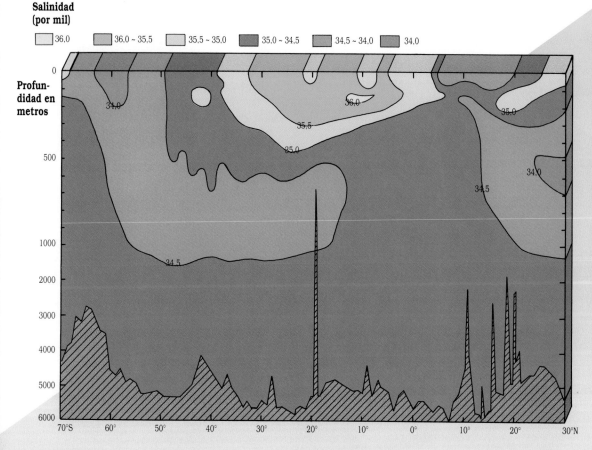

● Mares salados

Como se muestra a la izquierda, en el Pacífico Sur, la cantidad de sal varía con los cambios de profundidad y latitud. El agua más salada *(amarillo)* se encuentra en zonas subtropicales, donde el calor del sol evapora el agua, aumentando así la salinidad. Las zonas de color naranja muestran dónde los ríos o glaciares que se funden aportan agua dulce, reduciendo así la salinidad. Por debajo de los 2.000 m, la evaporación y las mezclas dejan de ser factores influyentes, y los niveles de sal tienen una media del 35 por mil *(morado)*.

Niveles en el mar

La mayoría de océanos poseen una clara estructura vertical, como se aprecia en esta sección transversal del Pacífico. En la parte superior, los vientos y corrientes de agua remueven la zona de convección. A unos 450 m de profundidad empieza la zona estratificada, una región dominada por las masas de agua frías de movimiento lento. La capa superior de la zona estratificada se extiende hasta los 1.400 m y se alimenta de profundas corrientes polares. Entre los 1.400 y 3.000 m, el flujo de agua se invierte. Por debajo de los 3.000 m, la gélida agua del nivel de fondo permanece en una oscuridad perpetua.

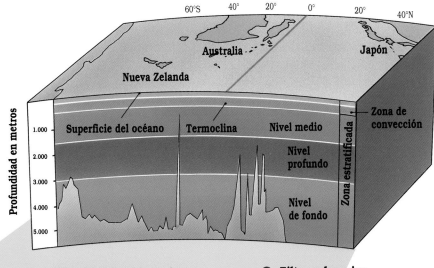

Absorción de la luz

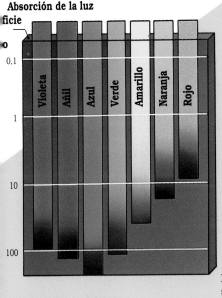

Velocidad del sonido en el mar

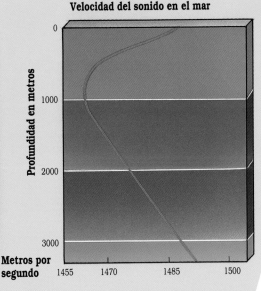

● Filtro submarino

El agua del mar absorbe la luz del sol según la profundidad *(gráfico de barras, izquierda alejado)*. Las longitudes de onda rojas se absorben en los primeros 9 m; las longitudes de onda azules penetran más de 10 veces dicha profundidad.

● La velocidad del sonido

Las ondas sonoras se mueven con mayor velocidad en los 450 m superiores del océano *(izquierda, más cerca)* debido a las temperaturas más altas. Entre esta profundidad y aproximadamente los 1.500 m, las ondas sonoras son más lentas. Por debajo de los 1.500 m, la alta presión hace que las ondas se desplacen más rápido.

Temperatura del mar

28 °C · 28~22 °C · 22~16 °C · 16~10 °C · 10~8 °C · 8~6 °C
6~4 °C · 4~2 °C · 2~1 °C · 1~0 °C · 0 °C

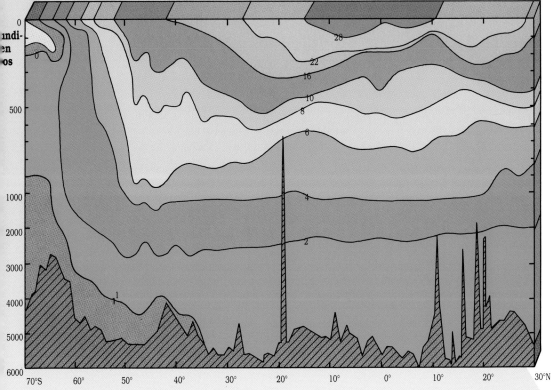

Las gélidas profundidades

Las aguas del océano son más cálidas en una banda que pasa por encima del ecuador. Allí, la capa de agua caliente por encima de la termoclina es más profunda. El hielo resultante de la congelación de agua de mar, se halla habitualmente cerca de los polos. Por debajo de la termoclina, las temperaturas sólo varían ligeramente, de unos 10° a 2 °C.

¿Por qué los satélites escrutan los océanos?

Desde alturas que alcanzan los 35.900 km por encima de la Tierra, los satélites orientan sus ojos electrónicos hacia los mares del mundo. Sus misión es la de controlar los movimientos de los océanos, y la ejecutan con una exactitud imposible de conseguir en tierra. Los satélites observan los ritmos de flujo de las corrientes oceánicas. Disciernen trazos de agua a gran escala, así como cambios diminutos en las elevaciones del océano. También proporcionan posiciones definidas, es decir, lecturas de navegación exactas, para los barcos de cualquier parte del mundo. Los instrumentos que hay a bordo de algunos satélites pueden incluso realizar mapas precisos del fondo marino.

Hielo flotante

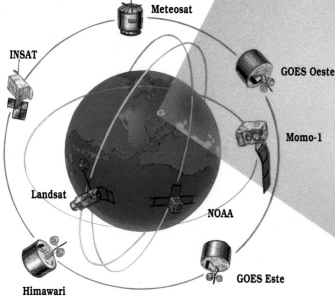

Meteosat

INSAT

GOES Oeste

Landsat

Momo-1

Landsat

NOAA

GOES Este

Himawari

Utilizando sensores que recogen datos en las partes visibles, infrarrojas y termales del espectro, el Landsat explora el planeta entero cada 16 días.

La vigilancia meteorológica mundial

Los satélites meteorológicos como el Himawari, que gira en una alta órbita geoestacionaria, y el NOAA, que viaja en una baja órbita polar, registran la luz visible e infrarroja reflejada en la Tierra. Estas indicaciones ayudan a los científicos a predecir el clima del planeta a largo plazo.

Ojos en el firmamento

El uso de satélites o aviones para reunir información sobre la Tierra se conoce como teledetección. Los detectores infrarrojos como los que lleva a bordo el Landsat revelan las temperaturas relativas de la tierra y el mar. Los rayos láser que se reflejan en el suelo ayudan a registrar las elevaciones. Las microondas generadas y recibidas por los satélites miden el vapor de agua en el aire, proporcionando indicios para los ciclones y otros sistemas climáticos complejos. Incluso los cambios de velocidad de un satélite en órbita pueden identificar las zonas en que la gravedad de la Tierra es mayor de lo normal.

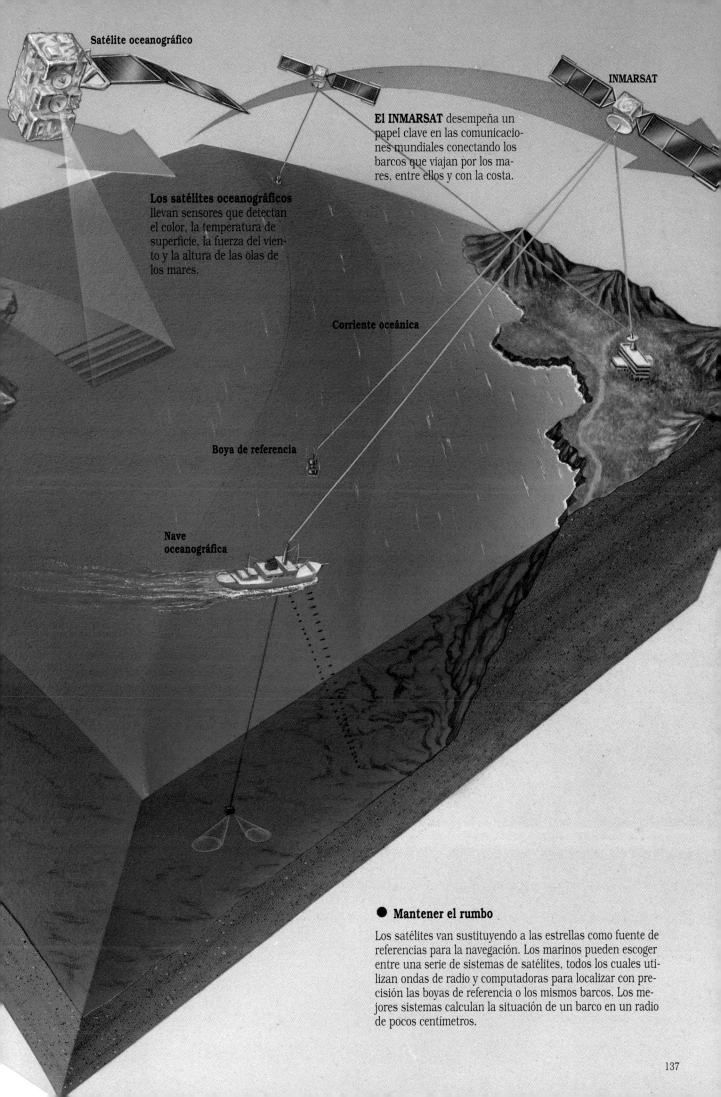

Satélite oceanográfico

INMARSAT

El INMARSAT desempeña un papel clave en las comunicaciones mundiales conectando los barcos que viajan por los mares, entre ellos y con la costa.

Los satélites oceanográficos llevan sensores que detectan el color, la temperatura de superficie, la fuerza del viento y la altura de las olas de los mares.

Corriente oceánica

Boya de referencia

Nave
oceanográfica

● **Mantener el rumbo**

Los satélites van sustituyendo a las estrellas como fuente de referencias para la navegación. Los marinos pueden escoger entre una serie de sistemas de satélites, todos los cuales utilizan ondas de radio y computadoras para localizar con precisión las boyas de referencia o los mismos barcos. Los mejores sistemas calculan la situación de un barco en un radio de pocos centímetros.

¿Qué recursos contienen los océanos?

La composición química del agua de mar

El agua de mar contiene por lo menos 80 elementos. Sólo 11 de estos elementos *(abajo)* componen el 99,9% de todas las sales disueltas en los océanos. El cloro y el sodio, con concentraciones de 19.000 y 10.500 partes por millón respectivamente, son con mucho los elementos más predominantes. El azufre, el magnesio, el calcio y otros elementos comunes aparecen en concentraciones más pequeñas.

Proporciones de elementos en el agua de mar

Oligoelementos

Bromo
Carbono
Potasio
Calcio
Magnesio
Azufre

Cloro

Sodio

La recolección de uranio del mar

Aunque el contenido de uranio del agua marina es minúsculo, sólo tres partes por mil millones, los océanos del mundo contienen un total de 4.500 millones de toneladas del elemento radiactivo. Por consiguiente, los ingenieros están deseosos de perfeccionar la tecnología, desarrollada en la década de 1950, para extraer el uranio del agua del mar.

En primer lugar, se trata el agua de mar con óxido de titanio, el cual absorbe el uranio. En segundo lugar, se añade el ácido clorhídrico para liberar el uranio, provocando que se separe de la solución. En tercer lugar, se filtra el líquido a través de una resina en forma de membrana. Este paso, denominado intercambio de iones aumenta aproximadamente un millón de veces la concentración original del uranio. El uranio puede refinarse para su uso en centrales de energía.

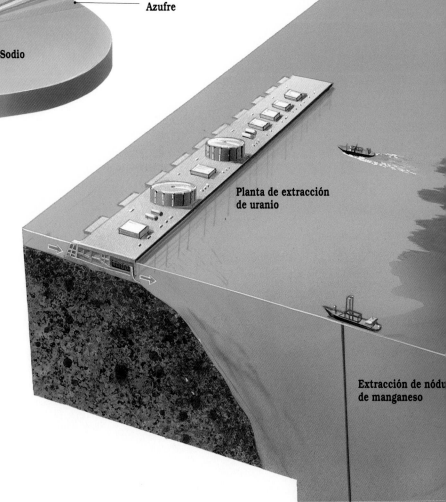

Planta de extracción de uranio

Extracción de nódu de manganeso

A medida que las reservas de petróleo, minerales y metales del planeta van agotándose en tierra, los geólogos e ingenieros han aumentado sus esfuerzos para extraer estos recursos en el mar. A principios de la década de 1990, una sexta parte del petróleo de Estados Unidos se extraía de los yacimientos petrolíferos marinos, la mayoría situados en las plataformas continentales poco profundas. En el cambio de siglo, las empresas mineras pueden empezar a explotar yacimientos de manganeso del fondo del mar y a extraer el uranio disuelto del agua marina. Finalmente, los océanos pueden convertirse en fuentes de minerales, energía e incluso agua dulce *(derecha)*.

El aprovechamiento de olas, mareas y temperaturas

La energía disponible de los océanos empequeñece la producida por todas las centrales eléctricas de la Tierra. Diversos prototipos de sistemas de energía han empezado a explotar su potencial. En las centrales térmicas, por ejemplo, el agua cálida de la superficie evapora amoníaco, que acciona las turbinas que generan electricidad. Los diques de marea, como el que está situado cerca de St. Malo, Francia *(derecha)*, canalizan el flujo y reflujo del mar a través de turbinas reversibles. Y las centrales de oleaje utilizan el movimiento de las olas para comprimir el aire y accionar las turbinas.

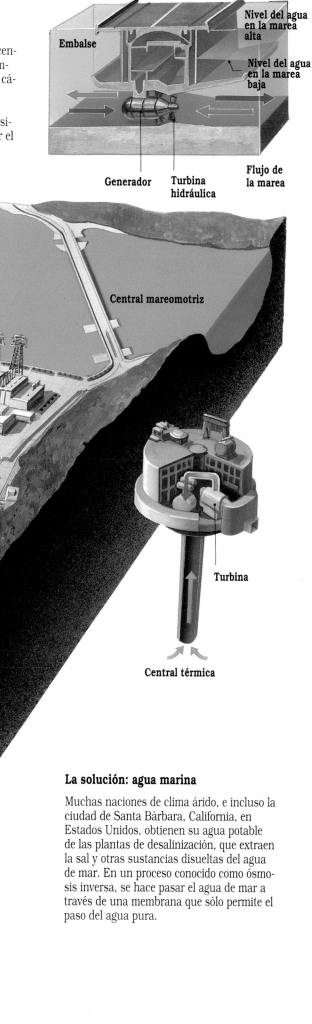

Embalse

Nivel del agua en la marea alta

Nivel del agua en la marea baja

Generador

Turbina hidráulica

Flujo de la marea

Central térmica

Central mareomotriz

Central hidráulica

Planta de desalinización

Extracción de agua profunda

Turbina

Central térmica

La solución: agua marina

Muchas naciones de clima árido, e incluso la ciudad de Santa Bárbara, California, en Estados Unidos, obtienen su agua potable de las plantas de desalinización, que extraen la sal y otras sustancias disueltas del agua de mar. En un proceso conocido como ósmosis inversa, se hace pasar el agua de mar a través de una membrana que sólo permite el paso del agua pura.

¿Qué son los nódulos de manganeso?

En los fondos marinos más profundos de todo el mundo se encuentran esparcidas unas peculiares masas de color negro denominadas nódulos de manganeso. Normalmente más pequeños que una patata, los nódulos contienen un 34 % de manganeso, un metal esencial para fabricar el acero. También contienen suficiente hierro, cobre, cobalto y níquel para clasificarlos como menas, es decir, minerales que pueden explotarse por su contenido en metal.

Los nódulos de manganeso pueden cubrir del 20 al 50% del fondo del océano Pacífico. Al partirlos por la mitad, la mayoría de nódulos revelan un núcleo de roca, concha o diente de tiburón, lo que sugiere que los nódulos empiezan a formarse cuando los metales disueltos en agua de mar se adhieren a un pequeño grano duro del fondo del mar.

Cuando los depósitos terrestres de mena empiezan a escasear, la idea de extraer nódulos de manganeso se hace más atractiva. El desafío es idear un modo económico, y ecológicamente inocuo, de sacar los nódulos del fondo del mar y transportarlos a la superficie del océano 5 km por encima.

▲ **Nódulos de manganeso** de 2,5 cm cubren el fondo del océano como patatas chamuscadas.

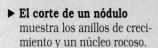

▶ **El corte de un nódulo** muestra los anillos de crecimiento y un núcleo rocoso.

● **Un fenómeno mundial**

Abajo se muestra la distribución global de nódulos de manganeso. Descubiertos por los investigadores en la década de 1870, los nódulos se hallan en todos los océanos del mundo.

● **El misterio del manganeso**

Los nódulos de manganeso son una fuente de desconcierto para los científicos: ¿de dónde proceden los metales constituyentes de los nódulos? ¿Cómo se formaron los nódulos? ¿Y por qué los nódulos no están enterrados por los sedimentos que llueven constantemente sobre el fondo del océano?

Una teoría mantiene que los metales se originan en fuentes hidrotermales que vomitan aguas cargadas de mineral, o en zonas de fractura geológica donde la roca del fondo marino es aplastada constantemente. Una segunda teoría, ilustrada a la derecha, argumenta que el plancton microscópico absorbe y retiene determinados metales disueltos en agua marina (1 y 2). Cuando el plancton muere, se asienta en el fondo del océano y se descompone (3) dejando los metales concentrados. Las bacterias ingieren entonces estos residuos ricos en metal (4), concentrando los metales todavía más y formando el núcleo de nódulos recién formados. Durante millones de años, mientras los cangrejos, peces y corrientes remueven los nódulos (5 y 6), se acumulan más metales formando capas alrededor del núcleo (7 y 8). Análisis químicos de nódulos de manganeso han revelado que una capa de 2,5 cm puede tardar 25 millones de años en acumularse.

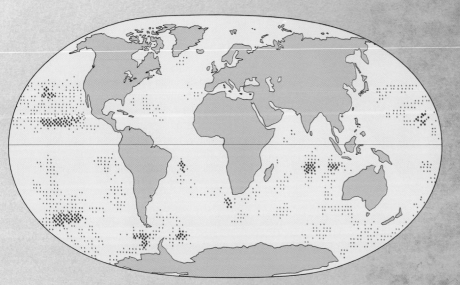

7

Nódulos de manganeso

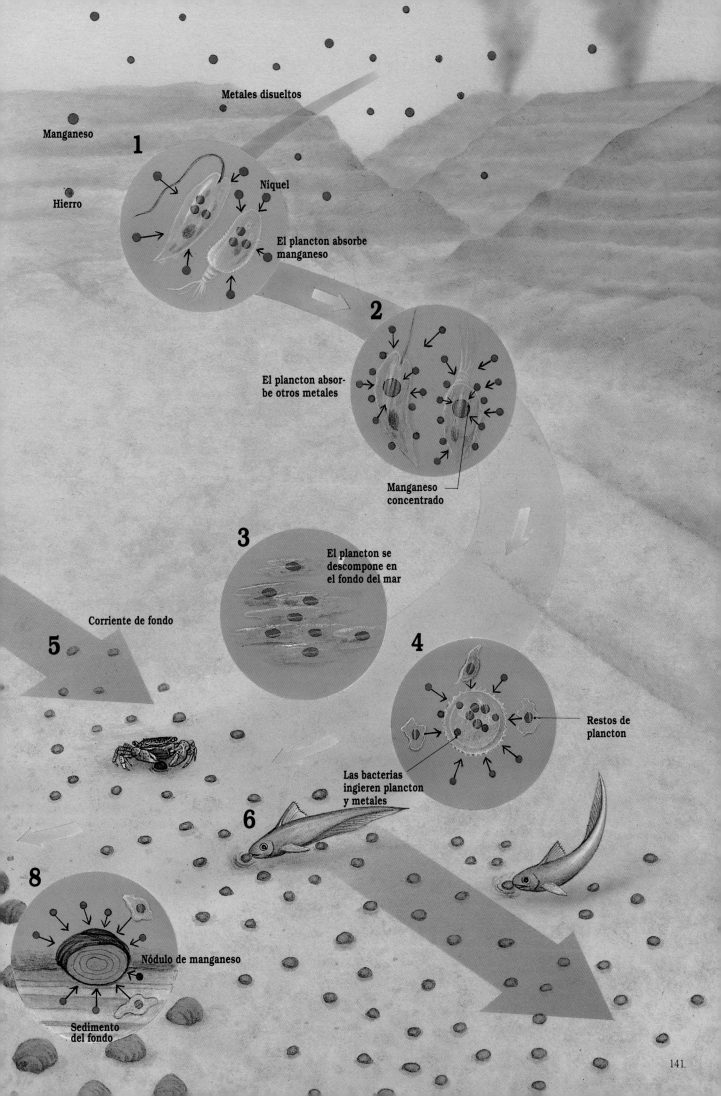

Metales disueltos

Manganeso

Hierro

1

Níquel

El plancton absorbe
manganeso

2

El plancton absor-
be otros metales

Manganeso
concentrado

3

El plancton se
descompone en
el fondo del mar

Corriente de fondo

5

4

Restos de
plancton

Las bacterias
ingieren plancton
y metales

6

8

Nódulo de manganeso

Sedimento
del fondo

141

¿Pueden cultivarse los océanos?

La cría de peces o crustáceos como fuente de alimento se denomina acuicultura. Los peces se crían en tanques o depósitos cercanos al mar, o metidos en él; una vez alcanzan la madurez, los peces se recolectan, es decir, se capturan, y se venden en mercados. Programas experimentales con determinadas especies que se han pescado en exceso, restablecen las poblaciones esquilmadas devolviendo las crías al océano. Todos los años, 2.200 millones de salmones nacidos en cautividad en Japón, Rusia y Estados Unidos son liberados en los ríos para que emigren al mar.

La acuicultura resulta tan prometedora que se practica en el mundo entero. En Ecuador, por ejemplo, se cultivan gambas en recintos costeros. Japón, China y Francia poseen prósperas industrias de mariscos, con la siembra de ostras, vieiras y mejillones que se mantienen en bancos costeros. En el futuro, se pueden utilizar corrales flotantes para criar pescados de mar, así como laminarias y otros tipos de algas que proporcionan alimento, combustible o fertilizante.

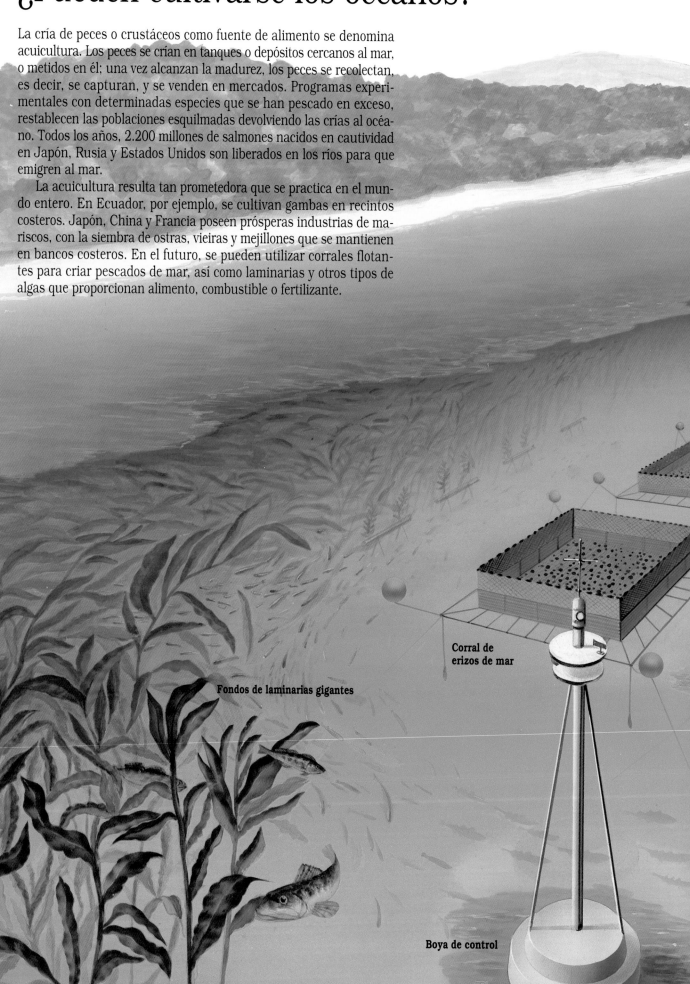

Corral de
erizos de mar

Fondos de laminarias gigantes

Boya de control

Puestos avanzados en el océano

Los laboratorios marinos, los satélites y las estaciones de radioescucha costeras proporcionan un apoyo vital para la piscicultura. Para producir y criar especies marinas, los científicos deben comprender los ecosistemas bajo los cuales crecen los organismos en estado salvaje. La joven ciencia de los estudios marinos se extenderá a medida que se recurra cada vez más a la piscicultura para alimentar a la creciente población mundial.

Satélite de control

Estación de escucha costera

Arrecife artificial

Corral de peces

143

¿De qué modo podrían utilizarse los océanos el día de mañana?

Intentad imaginar un mundo donde los barcos atracan en puertos flotantes, los aviones despegan de pistas asentadas en el mar, y las ciudades alimentadas con la energía del océano se elevan sobre armazones construidos por encima de las plataformas continentales. Esta es la visión de los futuristas que prevén que la humanidad llegará a colonizar los océanos del mundo.

Sin embargo, los beneficios de este paso deben sopesarse junto con el grave impacto ecológico que han tenido las sociedades industrializadas sobre los océanos. Muchas especies marinas han sido prácticamente arrasadas por el exceso de pesca; otras han perecido contaminadas por los vertidos de petróleo. Las redes abandonadas a la deriva se convierten en cementerios flotantes llenos de animales marinos enmarañados, mientras que los recipientes o anillos de plástico desechados atrapan o asfixian a focas, aves marinas y otros animales litorales.

Está claro que los océanos y la atmósfera son tesoros muy valiosos y finitos, que deben ser tratados con cuidado. Efectivamente, son las únicas características que diferencian al planeta Tierra de sus silenciosos compañeros del Sistema Solar, desprovistos de vida.

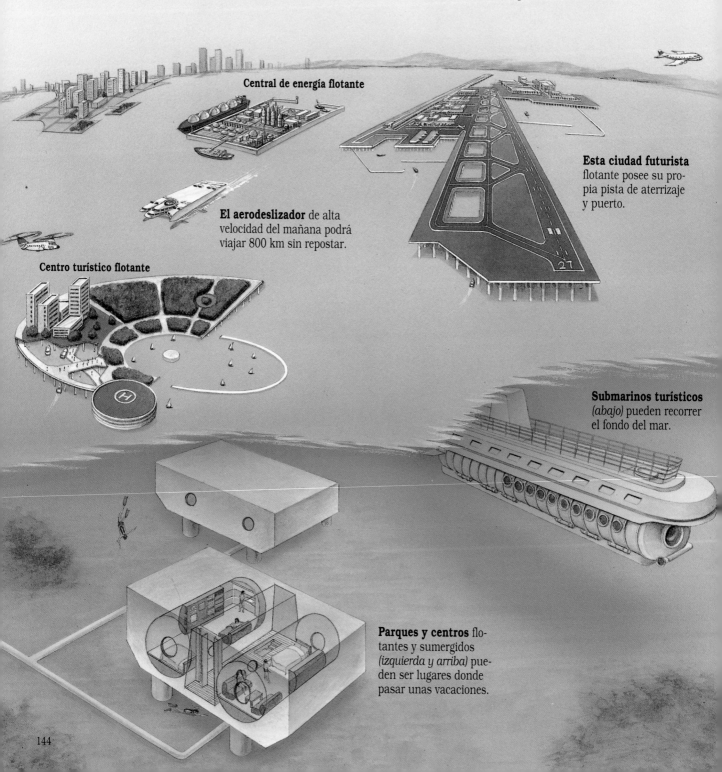

Central de energía flotante

Esta ciudad futurista flotante posee su propia pista de aterrizaje y puerto.

El aerodeslizador de alta velocidad del mañana podrá viajar 800 km sin repostar.

Centro turístico flotante

Submarinos turísticos *(abajo)* pueden recorrer el fondo del mar.

Parques y centros flotantes y sumergidos *(izquierda y arriba)* pueden ser lugares donde pasar unas vacaciones.

Glosario

Abisal, llanura: extensión llana y prácticamente monótona de fondo oceánico, que normalmente se halla a profundidades de entre 3.700 y 5.500 m bajo el nivel del mar.

Almohadillada, lava: magma que ha sido expulsado bajo el agua y se ha endurecido formando bultos redondeados.

Aluvial, cono: Acumulación en forma de abanico de cieno, limo y arena depositada por un río.

Aluvial, llanura: llanura formada por el depósito de los sedimentos de un río.

Andesita: roca volcánica de grano fino.

Arcillosa, roca: roca sedimentaria de color gris oscuro compuesta de partículas del tamaño de la arcilla.

Arenisca: roca sedimentaria común compuesta de granos del tamaño de la arena.

Astenosfera: capa del manto superior que se encuentra debajo de la litosfera y se extiende unos 200 km por debajo de la superficie de la Tierra. Se supone que la roca de la astenosfera, literalmente "esfera floja", está caliente, es débil y ligeramente fluida, permitiendo que las placas tectónicas se deslicen sobre de ella. Esta capa también se denomina zona de baja velocidad dado que atenúa la velocidad de las ondas sísmicas.

Atolón: arrecife coralino circular formado por el coral que crece en las laderas de un volcán sumergido.

Basalto: roca ígnea eruptiva común de grano fino.

Caldera: cráter muy grande en forma de cuenco, situado en la parte superior de un volcán, que se forma por el derrumbamiento explosivo del cono.

Caliza: roca sedimentaria compuesta principalmente de carbonato cálcico en forma de calcita.

Carbón: roca sedimentaria, de color pardo oscuro o negro y rica en carbono, compuesta de restos de las plantas fósiles. El carbón se utiliza como combustible fósil.

Clástico: roca o sedimentos rocosos que han sido transportados y depositados lejos de la roca de la que procedían.

Conglomerado: roca sedimentaria de grano grueso compuesta de partículas sedimentarias cuyo tamaño varía del de la grava al de los cantos.

Continental, deriva: la teoría de que los continentes se des plazan sobre placas gigantes, que se deslizan y se mue ven por la superficie de la Tierra.

Continental, margen: zona que separa un continente de las llanuras abisales del fondo oceánico profundo Comprende la *plataforma continental*, una zona poco pro funda e inclinada que tiene una extensión media de 70 km; el *talud continental*, una pronunciada inclinación que desciende de forma abrupta desde la plataforma continental; y la *elevación continental*, una suave pen diente que desciende hacia el fondo profundo del mar

Continente: gran masa de tierra que se eleva por encima del fondo oceánico profundo; a menudo incluye las zo nas sumergidas y poco profundas que lo rodean. *Véase* Continental, margen.

Cordillera: grupo de cadenas montañosas, que incluye cual quier valle, llanura, lago o río que pueda contener.

Cornubianita: roca metamórfica de grano fino que se pro duce por metamorfismo de contacto.

Corteza: capa exterior y sólida de la Tierra, cuyo grosor va ría de los 5 km debajo de los océanos hasta los 64 km bajo las cadenas montañosas.

Diorita: roca metamórfica de color verde oscuro.

Dique: roca ígnea en forma de lámina que ha atravesado una capa rocosa existente, dejando la roca ígnea in crustada en dicha roca.

Discontinuidad: estrato que yace en la profundidad de bajo de la superficie de la Tierra, que separa capas ro cosas de diferentes tipos y densidades. Los cambios re pentinos en la velocidad de las ondas sísmicas a menudo indican que las ondas han cruzado una discontinuidad

Dorsal oceánica: cadena montañosa submarina donde se genera constantemente nueva corteza oceánica a través del proceso de expansión del fondo de los mares.

Epicentro: punto de la superficie de la Tierra que queda di rectamente encima del foco subterráneo de un terremoto.

Eruptiva, roca: tipo de roca ígnea que se forma cuando el magma es expulsado sobre la superficie de la Tierra y posteriormente se enfría.

Escudo: segmento grande y estable de roca antigua metamórfica e ígnea que tiene forma de escudo y está rodeado de roca sedimentaria más joven. Los escudos son característicos de interiores continentales estables.

Esquisto: roca sedimentaria común oscura y de grano fino compuesta de partículas del tamaño de la arcilla y el limo.

Estrato: capa única y diferenciada de roca sedimentaria.

Extensión del fondo de los mares: proceso en el que el magma rebosa de una dorsal oceánica, formando nueva corteza y provocando que el fondo del océano se extienda hacia ambos lados de la dorsal.

Falla: fisura en la corteza de la Tierra a lo largo de la cual se ha producido un movimiento. El movimiento en la falla acumula una tensión enorme; cuando la falla cede, se libera la energía contenida, provocando un terremoto.

Fisura: grieta estrecha, larga y profunda en la corteza de la Tierra.

Foco: origen subterráneo de un terremoto; desde el foco, las ondas sísmicas se dispersan en todas direcciones a través de la Tierra.

Fosa oceánica: depresión profunda y alargada en el fondo del océano, donde se produce la subducción.

Fractura, valle de: amplio valle que se forma a lo largo de la línea donde dos o más placas continentales se separan. Los valles de fractura también se encuentran en la cresta de las dorsales oceánicas.

Fumarola negra: chimenea volcánica del fondo marino que vomita agua caliente rica en minerales.

Gabro: roca ígnea intrusiva oscura y de grano grueso.

Géiser: chorro de vapor y agua caliente que surge periódicamente de un manantial de agua caliente subterráneo.

Geoide: forma que tendría la Tierra si el nivel del mar se extendiera uniformemente por encima de los continentes.

Geomagnético: término usado para describir la forma o efectos del campo magnético de la Tierra.

Giro: movimiento en forma de anillo de las corrientes oceánicas, que giran en el sentido de las agujas del reloj en el hemisferio Norte y en el sentido contrario en el hemisferio Sur. La corriente del Golfo forma parte de un gran giro que transporta el agua por la cuenca del océano Atlántico.

Gneis: roca metamórfica común, que se caracteriza por sus capas de cuarzo de grano grueso y feldespato.

Granito: roca ígnea intrusiva común de color claro y grano grueso.

Granodiorita: roca ígnea intrusiva, de grano medio o grueso, más oscura que el granito.

Gres: roca sedimentaria, de color negro o gris y grano muy fino, compuesta de sílice.

Guyot: pico submarino sumergido de cima plana que se forma cuando se erosiona una isla volcánica.

Hidrotermales, depósitos: minerales disueltos anteriormente en agua de mar caliente, como en las dorsales oceánicas, que precipitan y se acumulan en el fondo del mar cuando el agua se enfría.

Hornito: montículo en forma de colmena que se forma a partir de los terrones de lava líquida que expulsa un conducto subterráneo.

Ígnea, roca: roca que ha cristalizado a partir de un estado líquido. Las rocas ígneas son uno de los tres tipos principales de roca; los otros son las rocas sedimentarias y las rocas metamórficas.

Intrusiva, roca: tipo de roca ígnea que se formó al enfriarse el magma caliente bajo la superficie de la Tierra, quedándose incrustada en las rocas circundantes.

Isócrona: línea cartográfica que conecta lugares en los que un acontecimiento se produce de forma simultánea; por ejemplo, puntos donde determinada onda sísmica se ha captado al mismo tiempo.

Isostasia: especie de acción equilibradora geológica, en la que las rocas ligeras de la corteza terrestre flotan sobre un fondo de rocas más densas.

Isotópica, datación: medición de los porcentajes de los isótopos radiactivos de una roca o fósil con el fin de determinar su edad.

Isótopo: variedad de un elemento químico, que cuenta con el mismo número de protones pero un número distinto de neutrones; los isótopos radiactivos son inestables, lo que significa que sus átomos se desintegran con el paso del tiempo.

Lava: roca caliente y líquida que alcanza la superficie de la Tierra.

Litosfera: capa rígida exterior de la Tierra, que se extiende entre unos 65 y 80 km. La litosfera, literalmente "esfera de piedra", comprende la corteza y la parte sólida exterior del manto.

Magma: roca caliente y líquida generada dentro de la Tierra.

Magnético, campo: zona alrededor de un objeto en la que éste ejerce una influencia magnética sobre otros objetos. El campo magnético de la Tierra, por ejemplo, es similar al de un imán recto; posee un polo norte y un polo sur unidos por líneas de fuerza magnética y dirección variables.

Manto: capa de la Tierra que se halla entre la corteza y el núcleo exterior; el manto alcanza una profundidad de aproximadamente 2.900 km.

Metal: cualquiera de los componentes de un grupo de elementos químicos que se distinguen por su brillo metálico, maleabilidad y capacidad de conducir el calor y la electricidad.

Metamórfica, roca: roca cuya composición, estructura o textura se ha transformado sin fundirse por el calor, la presión ni la acción química. Las rocas *metamórficas de contacto* se forman entrando en contacto con el magma caliente. Las rocas *metamórficas regionales* se produce a partir de presiones y temperaturas elevadas. Junto con las rocas ígneas y las sedimentarias, las rocas metamórficas son uno de los tres tipos principales de roca.

Núcleo: porción central de la Tierra. Consta del *núcleo interno*, una masa sólida de níquel y hierro de unos 2.440 km de diámetro, y el *núcleo externo*, una capa fluida que lo rodea. El núcleo externo empieza a 2.900 km por debajo de la superficie del planeta.

Ondas sísmicas: forma que toma la energía liberada durante un terremoto. Las ondas sísmicas viajan a través del planeta o a lo largo de la superficie. Las *ondas longitudinales*, también denominadas *ondas P* u *ondas primarias*, son las que viajan más rápido, comprimiendo y expandiendo la roca que atraviesan. Las *ondas transversales*, también llamadas *ondas S* u *ondas secundarias*, viajan más lentamente, sacudiendo la roca que atraviesan. Las *ondas superficiales*, el tipo más lento, se desplazan por la superficie de la Tierra; estas se clasifican entre *ondas Love*, que poseen un movimiento horizontal adelante y atrás, y *ondas Rayleigh*, con un movimiento vertical de arriba a abajo.

Orogenia: formación de las montañas a base de pliegues y fallas en la corteza terrestre.

Pangea: nombre dado por el meteorólogo alemán Alfred Wegener a una hipotética masa de tierra de la cual se formaron todos los continentes actuales. Pangea, según postuló Wegener, empezó a dividirse hace unos 200 millones de años.

Peridotita: roca ígnea intrusiva de color oscuro y grano grueso.

Pico submarino: montaña sumergida que se eleva a más de 1.000 m por encima del fondo oceánico.

Pómez, piedra: roca volcánica espumosa que contiene burbujas de gas, lo que la hace sumamente ligera. La piedra pómez a menudo flota en el agua.

Punto caliente: lugar en que un penacho estacionario de magma que se eleva del manto provoca una abertura en la corteza de la Tierra, produciendo un volcán u otra actividad ígnea.

Radiactivo, elemento: cualquier elemento químico cuyos núcleos atómicos son inestables y se desintegran de forma espontánea, liberando partículas subatómicas y calor.

Radón: elemento gaseoso radiactivo.

Riolita: roca ígnea eruptiva de grano fino que se considera el equivalente volcánico del granito.

Sedimentaria, roca: roca formada a partir de sedimentos que han sido comprimidos y cementados juntos. Los otros dos tipos principales de rocas son las rocas ígneas y las rocas metamórficas.

Sedimento: partículas diminutas de mineral, roca o materia orgánica desplazadas por el viento, el agua o el hielo y depositadas sobre la superficie de la Tierra.

Sienita: roca ígnea intrusiva de color claro y grano grueso.

Sismógrafo: instrumento que registra la cantidad de movimiento terrestre producido por un terremoto.

Subducción: proceso geológico por el cual una de las placas tectónicas de la Tierra se desliza debajo de otra.

Tabular, manto: masa tabular de roca ígnea intrusiva paralela a la estratificación en las rocas circundantes.

Tectónica de placas: teoría de que la corteza de la Tierra consta de placas rígidas en constante movimiento. Los movimientos de choque, rozamiento y separación resultantes producen una intensa actividad geológica en los bordes de las placas.

Tectónica, placa: porción rígida de la corteza terrestre y el manto superior que se desplaza lentamente por la parte superior de la astenosfera.

Temblor: terremoto de poca intensidad.

Terremoto: movimiento repentino de las placas de la corteza de la Tierra, provocado por la liberación abrupta de una tensión que se ha ido acumulando con el tiempo.

Tomografía sísmica: técnica informática que convierte las lecturas de ondas sísmicas en imágenes detalladas que muestran la estructura interna tridimensional de la Tierra.

Transformación, falla de: falla que atraviesa una dorsal oceánica, produciendo una zona de fractura; si una falla de transformación corta el borde de un continente (como la falla de San Andrés), se conoce como falla de desgarre.

Tsunami: ola grande y a menudo destructiva producida por un terremoto submarino o una erupción volcánica.

Volcán: fisura en la corteza terrestre por la cual se expulsa lava y otros materiales; también, una montaña que se ha formado a base de lava y otros materiales.

Yacimiento: masa continua de mineral que puede extraerse con fines económicos y tratarse por su valor comercial.

El tiempo geológico

Los científicos han dividido el tiempo geológico en intervalos diferentes, en los que las *eras* cubren los espacios más grandes de tiempo y las *épocas* los más cortos. Estas divisiones se determinaron a partir de las posiciones relativas de las rocas sedimentarias y por los tipos de fósiles hallados en estas rocas. Las eras fueron las primeras que se fijaron. Luego, al reunirse más datos y perfeccionarse las técnicas de datación de las rocas, las eras se dividieron en *períodos;* estos períodos, a su vez, se dividieron en épocas. Finalmente, con el desarrollo de la datación isotópica, se asignaron años a cada intervalo de tiempo.

Abajo aparecen las principales divisiones temporales geológicas, con las unidades más antiguas en la parte inferior de la escala y las más recientes en la parte superior.

Era	Período	Época	Años atrás
Cenozoica	Cuaternario	Holoceno	0 a 10.000
		Pleistoceno	10.000 a 2 millones
	Terciario	Plioceno	2-5 millones
		Mioceno	5-24 millones
		Oligoceno	24-37 millones
		Eoceno	37-58 millones
		Paleoceno	58-66 millones
Mesozoica	Cretácico		66-144 millones
	Jurásico		144-208 millones
	Triásico		208-245 millones
Paleozoica	Pérmico		245-286 millones
	Carbonífero		
	Pennsilvaniense		286-315 millones
	Mississipiense		315-306 millones
	Devónico		306-408 millones
	Silúrico		408-438 millones
	Ordovícico		438-505 millones
	Cámbrico		505-570 millones
Pre-cámbrico	Proterozoico		570 millones a 2.500 millones
	Arqueozoico		2.500-4.600 mill.

Publicado por:
TIME LIFE, LATINOAMÉRICA

Presidente Emerging Markets: Trevor E. Lunn
Vicepresidente de Latino America: Fernando A. Pargas

Time-Life Warner España, S.A.
Gerente de Operaciones: Erin Dawson
Producción: Luis Viñuales

Versión en español:
Dirección editorial: Joaquín Gasca
Producción: GSC Gestión, servicios y comunicación
   Barcelona (España)
Equipo editorial: Antón Gasca Gil, Alejandro Recasens
Montaje digital: Iconografía (93 - 540 1922)
Traducción: Josep-Lluís Melero i Nogués, Joaquín Lacueva,
   José Llurba, Amaia Torrecilla
Asesoramiento científico: Doctora Teresa Riera Madurell,
   licenciada en Matemáticas, doctora en Informática,
   vicerrectora asociada de la Universidad de las Islas Baleares
Doctor Santiago Alcoba Rueda, catedrático de Filología
   Española, Universidad Autónoma de Barcelona
Doctor Ángel Remacha, doctor en Medicina, Hospital de la
   Santa Cruz y San Pablo
Doctora Misericòrdia Ramon Joanpere, doctora en Biología,
   profesora de la Universidad de las Islas Baleares, decana de la
   Facultad de Ciencias
Josep-Lluís Melero i Nogués, biólogo, Zoológico de Barcelona
Joaquín Lacueva, biólogo, Zoológico de Barcelona

TIME-LIFE es una marca registrada de Time Warner Inc.
U.S.A.

Asesores científicos:

Dr. George Stephens, secretario del departamento de
   Geología de la Universidad George Washington, en
   Washington D.C.

Dr. Richard Tollo, profesor de Geología en la Universidad
   George Washington, en Washington D.C., especialista en
   granitos y en geología de los Apalaches Centrales.

Título original: *Geology and Change*
ISBN: 0–7835–2929–5 (Edición en inglés)
ISBN: 0–7835–3396–9 (Edición en español)

Impreso en Hong Kong